NEW ORDER

NEW ORDER

HUNGARIAN POETS OF THE POST 1989 GENERATION

TRANSLATED BY
Richard Berengarten, Thomas Cooper,
Antony Dunn, George Gömöri, David Hill,
Matthew Hollis, Agnes Lehóczky,
Kevin Nolan, Clare Pollard,
Owen Sheers, George Szirtes,
Christopher Whyte, Clive Wilmer
and Peter Zollman

Edited and introduced by
George Szirtes

Arc
PUBLICATIONS
2010

Published by Arc Publications
Nanholme Mill, Shaw Wood Road
Todmorden, OL14 6DA, UK
www.arcpublications.co.uk

Copyright © individual authors, 2010
Copyright in translations © individual translators, 2010
Copyright in the introduction © George Szirtes, 2010

Design by Tony Ward
Printed in Great Britain by the
MPG Books Group, Bodmin and King's Lynn

ISBN: 978 1906570 50 7

The publishers are grateful to the authors and translators and, in the case of previously published works, to their publishers for allowing their poems to be included in this anthology.

Cover design by Péter Flanek.

This book is copyright. Subject to statutory exception and to provisions of relevant collective licensing agreements, no reproduction of any part may take place without the written permission of Arc Publications Ltd.

Arc Publications is grateful to the following organizations who made the publication of this anthology possible:

The Hungarian Cultural Centre would like to thank
Enikő Leányvári for her great contribution to this volume.

This anthology is published in co-operation with
Literature Across Frontiers which receives support
from the Culture 2007 programme of the EU.

Arc Publications is

Supported by
ARTS COUNCIL ENGLAND

Arc Publications 'Anthologies in Translation'

CONTENTS

Introduction / 11

ISTVÁN KEMÉNY
Translated by George Gömöri, Richard Berengarten
and Peter Zollman
Biography / 27

28 / Nagymonológ • Grand Monologue / 29
30 / Valami a vérről • Some Words on Blood / 31
32 / A bújócska • Hide and Seek / 33
34 / A koboldkórus délelőtti dala • Elves' Morning Song / 35
34 / Apa barátai • My Father's Friends / 35
38 / A méhész • The Bee-keeper / 39
38 / Több ismeretlenes álom • Dream with Several Unknown Factors / 39
40 / A néma H • The Silent H / 41

SZILÁRD BORBÉLY
Translated by Ottilie Mulzet
Biography / 47

48 / [Allegória I] • [Allegory I] / 49
48 / [Allegória IV] • [Allegory IV] / 49
50 / [Epilógus II] • [Epilogue II] / 51
52 / [Töredék II] • [Fragment II] / 53
54 / [Töredék VIII] • [Fragment VIII] / 55
54 / [Töredék X] • [Fragment X] / 55
56 / [Levél I] • [Letter I] / 57
58 / [Levél II] • [Letter II] / 59
60 / [Levél VI] • [Letter VI] / 61

ANDRÁS IMREH
Translated by George Szirtes, Antony Dunn, Matthew Hollis,
Anne Talvaz and David Hill
Biography / 65

66 / Vasárnap délelőtt • Sunday Morning / 67
66 / A könnyű huzatban • Light Bedding / 67
68 / Fehér törzsű fák • Trees with White Trunks / 69
70 / Altató • Lullaby / 71
72 / A feketerigó • The Blackbird / 73
74 / Zsargonok, amiket nem beszélünk • Languages We don't speak / 75

76 / Komposzt • Compost / 77
76 / A nagyokosok • The Bright Boys / 77
80 / Délután • Afternoon / 81
80 / Indulás • Set to go / 81
82 / Szonett • Sonnet / 83

MÓNIKA MESTERHÁZI
Translated by Matthew Hollis, George Szirtes
and Peter Zollman
Biography / 87

88 / Nem maradhatok • On the Move / 89
88 / Idő és tér • Time and Space / 89
88 / Tegyük föl • Assuming / 89
90 / Tömegvonzás • Gravity / 91
90 / A napsütésben • In Sunlight / 91
92 / Homokkő • Sandstone / 93
92 / Vadgesztenye • Wild Chestnut / 93
94 / A szél • Wind / 95
94 / Napló • Journal / 95
94 / Hol nem volt • Once upon a Time / 95
96 / Sors bona • Sors Bona / 97

KRISZTINA TÓTH
Translated by Antony Dunn, Clare Pollard, David Hill,
Ottilie Mulzet and George Szirtes
Biography / 105

106 / Havak éve • The Year of Snows / 107
108 / Kísérlet • The Experiment / 109
110 / A szeretet természetéről • On the Nature of Love / 111
112 / A fájdalom természetéről • On the Nature of Pain / 113
114 / Ellentétes irányú metrók • Metro Trains in Contrary Directions / 115
114 / Dosszié • File / 115
116 / Remíz • Tram Depot / 117
120 / Kelet-európai triptichon • East-Europe Triptych / 121
124 / Kutya • Dog / 125
126 / Az egérről • After a Mouse / 127
126 / Térkép • Map / 127
128 / Árnyékfű • Shadowgrass / 129

128 / Telihold • Full Moon / 129

VIRÁG ERDŐS
Translated by Ágnes Lehóczky and George Szirtes
Biography / 135

136 / Portré • Portrait / 137
136 / Józsefváros felett az ég • The Sky above Josephstadt / 137
140 / Ufók • Aliens / 141
146 / Hazudós mese • A Lying Tale / 147
152 / Jelenés (Game Over) • Vision (Game Over) / 153

JÁNOS TÉREY
Translated by Ágnes Lehóczky and George Szirtes
Biography / 159

160 / A canalettói pillantás • Canaletto's Glimpse / 161
162 / Mi lett volna, ha • What would have happened, if / 163
164 / A cirkusz • The Circus / 165
168 / Honismereti gyűjtemény • The Encyclopaedia of Motherland / 169
170 / Sajnálkozás • Regret / 171
172 / Magyar menyasszony • Hungarian Bride / 173
174 / Interjú Antheával • Interview with Anthea / 175
178 / Asztali zene (jelenet) • Table Music (excerpt) / 179

G. ISTVÁN LÁSZLÓ
Translated by George Szirtes, Owen Sheers, István Géher
and Antony Dunn
Biography / 187

188 / Kronosz • Chronos / 189
188 / Burger King • Burger King / 189
190 / A dzsungel • The Jungle / 191
190 / Halárus • Fishmonger / 191
192 / Főpincér • Headwaiter / 193
194 / A cukrászdában • In the *Cukrászda* / 195
196 / Lakoma • Feast / 197
196 / A tó • The Lake / 197
198 / Ábrahám • Abraham / 199

198 / A macska • The Cat / 199
200 / Út az őszbe • The Road to Autumn / 201

ANNA T. SZABÓ
Translated by Clare Pollard, George Szirtes, Clive Wilmer,
George Gömöri and Peter Zollman
Biography / 205

206 / Téli napló • Winter Diary / 207
212 / Azt mondjuk: tűz • Fire, We say / 213
214 / A mai nap • This Day / 215
220 / Szülőszoba • The Labour Ward / 221
226 / Elhagy • She leaves Me / 227
230 / Autofókusz • Autofocus / 231
232 / Kamaszok • Adolescents / 233
232 / Kórházablak • Hospital Window / 233
234 / Hideg fény • Cold Light / 235
236 / Utazómagasság • Cruising Altitude / 237

TAMÁS JÓNÁS
Translated by Clare Pollard
Biography / 241

242 / Kísérletezés • Experimentation / 243
242 / Holló uram • Master Raven / 243
244 / A megkínzottak balladája • Ballad of the Tortured / 245
246 / The One • The One / 247
248 / Lassan kiderül • Slowly It comes to Light / 249

ORSOLYA KARAFIÁTH
Translated by Peter Zollman
Biography / 255

256 / A vér • Blood / 257
256 / A föld • Earth / 257
258 / Két utcakő • Two Flagstones / 259
258 / Lotte Lenya titkos éneke • Lotte Lenya's Secret Song / 259
260 / Vaktérkép • Blind Map / 261
262 / A rét • Meadow Land / 263
262 / Egy nő. A képmás • Portrait of a Woman / 263
264 / Az ég • Sky / 265

ANDRÁS GEREVICH
Translated by Christopher Whyte, George Szirtes, Thomas Cooper, David Hill and Peter Zollman
Biography / 271

272 / Desire • Desire / 273
272 / Ébredés • Waking Up / 273
274 / Családi időszámítás • Family Chronometer / 275
274 / Karácsonyi nagybevásárlás után • Christmas Shopping / 275
276 / A mesekönyvben... • In the Storybook... / 277
276 / Marmaris • Marmaris / 277
278 / Mediterrán • Mediterranean / 279
280 / Odüsszeusz • Odysseus / 281
282 / Egy csütörtök • A Thursday / 283
284 / Temető • Cemetery / 285
290 / Provincetown • Provincetown / 290
290 / Verjen a sors keze • Let the Hand of Fate strike You / 291

About the translators / 294

INTRODUCTION /11

In case anyone should have forgotten, there was a peaceful revolution – a grand European revolution with global implications – exactly twenty years ago in 1989 though, if we have forgotten, it may be because we are still living in it. It was Zhou En Lai who, when asked in the 1950s about the effects of the French Revolution of 1789, is supposed to have replied: 'It's too early to tell'. It is too early to tell with this one.

Too early, and already too late. Time, the post-modern phenomenon *par excellence*, is the great confuser and befuddler of chronologies. There we were, thinking it marched forward in its somewhat unremitting, dialectical way into some all-but-predetermined future, with evolution as a series of revolutions, when it performed one of its periodic panic fits: a more-or-less bloodless revolution. It was, said Francis Fukuyama, the end of history. Maybe it was – then.

It was not just the physical Berlin wall that collapsed in 1989, but its equally important metaphorical-ideological-psychological equivalent. The usual wall consists of bricks held together with mortar. Should the mortar disappear, the bricks might remain in place, simply sitting one on top of another, but there would be nothing other than gravity holding them together – one good shove and over it would go. The parties, ministries, armies, officials, management, cadres, career paths, might all hang suspended for the equivalent of a historical instant but then the wall would be gone. And that is what happened. By 1989, the mortar that had held brick to brick had long turned to powder.

That mortar was compounded of belief, fear and a kind of everyday confidence in its sheer existence, a confidence that, however dreadful it was, there was actually a kind of coherence, that things had to be as they were. I once wrote that the characteristic late-twentieth-century Hungarian gesture was the ironic shrug, a shrug that worked its way through everything from social manners to literature. There were few ideologues left standing by the time the shrug was established. We were all Shruggists. What, asked my elderly party-member cousin in March of 1989, what if a strong man comes to power in Moscow, smashes his fist down on the table, and cries "Enough!"? His far more active party-member son-in-law smiled, shrugged and replied: "The table breaks."

Such walls and tables had been standing pretty solidly for forty years, that is to say for at least two generations. Behind the Hungarian wall lurked the memory of years of Stalinist ter-

ror, the failed heroic revolution of 1956 and the retribution that followed it. Beyond those lay repression, stabilisation, expansion, years of a nod and a wink, the shift towards relative prosperity at the price of political acquiescence to the black economy and the accumulation of foreign debt.

The key (unpublished) poem of the pre-1956 Stalinist terror was probably Gyula Illyés's 'One Sentence on Tyranny'. The key prose works, Tibor Déry's *Niki – The Story of A Dog* and his short story, *Love*, followed shortly after. The later '50s and early '60s were distilled with scientific precision by the influential poet, Ágnes Nemes Nagy. A contemporary of other Central European poets such as Milosz, Herbert and Holub, she wrote ferociously disciplined verse and experimental prose works which balanced fury, resignation, silent resistance, a geological vision, biting sophisticated irony and a clear-eyed humane quietism.

1956 – when Soviet forces violently crushed the armed Uprising against Stalinist rule and Soviet occupation – frightened the Hungarian authorities. As a consequence, by the late '60s and particularly the late '70s, they were buying off any possible opposition with the coinage of a certain limited tolerance and an equally limited, but relatively broad, range of consumer goods; these were bought on foreign credit, creating what Miklós Haraszti was later to refer to as 'the velvet prison' – a country that visiting Russians nicknamed 'little America' and others as 'the happiest barrack in the socialist camp'. 'Goulash communism', the term by which the Hungarian politics of the later '70s and '80s were known, offered a compromise, along with corruption and a steel-edged *bonhomie*. Provided you did not write about certain things – 1956, poverty, the Soviet presence and 1968 (the year of the 'Prague Spring'[1]) – you were free to write about what you liked, and there remained a great deal not only to write about, but to write very well about.

That, however, left a clearly identifiable, often persecuted, un-

---

[1] The 'Prague Spring' began in January 1968 when Czechoslovakia's newly-appointed president, Alexander Dubček, introduced political and economic reforms in a move towards a more liberal and democratic Czechoslovakia. His reforms were brutally halted in August 1968 by a military invasion by the Soviet Union, but the brief period of 'freedom' in Czechoslovakia created ripples throughout the Soviet Bloc, and Hungary's president, János Kádár, was, at the time, very supportive of Dubček.

derground opposition that kept pushing the boundaries. The leading poet of this group was György Petri, who chose to go into *samizdat* rather than to remove certain poems from his much-prized collections. Petri was a child in 1956 but was fully aware of what happened in 1968, as his works make clear. His great gift was to feed political discontent through a bitter, colloquial, lyric voice that registered as a state of mind, often in a romantic or erotic context.

Petri was very popular but he was a special case in terms of censorship. Other very fine poets lived within the limits: Sándor Weöres, Ágnes Nemes Nagy, István Vas, László Lator, Ottó Orbán, László Bertók, István Baka, Ádám Nádasdy, Zsuzsa Rakovszky, Péter Kántor and Győző Ferencz, not to mention the Transylvanian Hungarians, such as Sándor Kányádi, Géza Szőcs, Zsófia Balla, Béla Markos, Géza Páskándi and, among the younger ones, Noémi László and Anna T. Szabó, who were writing in Hungarian but living under a much harsher régime in Romania.

Of those writers based in Hungary, Weöres, Nemes Nagy, Vas, Petri, Baka and Orbán died within a dozen years of the change of system, Petri distinctly voicing his anguish that his favourite toy – the old régime – had been snatched away from him. The others continued to be important and influential poets, none more so, perhaps, than Rakovszky, who has since also become a leading novelist too.

Novelists had risen to greater prominence throughout the 1970s and it is important to mention them here, since Hungary had always been associated more with poetry than with fiction. The mid-century period produced a series of important novelists such as Géza Ottlik, Tibor Déry, Iván Mándy, István Örkény, Miklós Mészöly and, as the century went on, the Nobel Prize-winning Imre Kertész, György Konrád, Ádám Bodor, Sándor Tar, Péter Esterházy, Péter Nádas, László Krasznahorkai and György Spiró. There were modernists, post-modernists, humorists, elegists and visionaries of various sorts who stole the limelight from the poets, while the rediscovery of Sándor Márai and the adventurous writing of younger novelists like Lajos Parti Nagy, Pál Závada, László Garaczi, Zsolt Láng and György Dragomán ensured that fiction would remain a prominent, often experimental, form. Some of these names are known in the English-speaking world, some are not, nor have I mentioned all I could, a number of whom appear in *An Island of Sound* (Harvill, 2004), the anthology of prose and poetry I edited with Miklós Vajda.

But what of the poets who were born in the 1960s or later; those who were hardly aware of the 'Prague Spring' of 1968 and only vaguely of the political tides of the '70s; those whose sensibilities would have been formed by the conditions of the '80s? Or those born even later, for whom the post-1989 world was their first adult experience? For them there was no 'favourite toy' to be snatched away. They would not have been agents in the changes of 1989; to them the world has been the world after.

By the mid-'80s Hungary had begun to curl in on itself. The old system was dying, and while there was a certain gaiety in the air there was foreboding too. János Kádár,[2] who had been running the country since his betrayal, in 1956, of the revolutionary government, was at the heart of this inward curling, a process accelerated after the 'wind of change' started blowing in from Gorbachev's Soviet Union in 1985. By 1988 Kádár and his world had curled up so tight that he actually vanished. The idiom that Petri had established – one predicated on Kádár and his world – had begun to shift along the spectrum from poetry to practical politics. The literary space was emptying out. The country, like the rest of the world, though in its own distinct way, was moving into unexplored territory.

Poetry, like fiction, had to find a new voice and new ground, something less overtly oppositional, less public, yet with an open ear. It is a great mistake to think that lack of material opportunity equals lack of sophistication. There was not going to be a mad rush towards consumerism as a panacea, certainly not among the 'intelligentsia'. There was, instead, going to be a complicated set of negotiations to be conducted between the past and the present, and between the various ideas about the present, including those of self, voice and language itself.

One interesting resource was the tradition of experimentalism that, beginning with the Constructivist poetry of Lajos Kassák, had run through Hungarian art throughout the twentieth cen-

---

[2] Kádár had been part of Imre Nagy's revolutionary government but disappeared in the course of the revolution from one day to the next, returning on new waves of Soviet tanks, going on to have Nagy executed in 1958. He was hated for this at first, then later given a grudging admiration by some, as a provider of stable, relatively prosperous, if deeply cynical times.

tury. Hungarian versions of Modernisms and post-Modernism[3] flourished in the '60s, '70s and '80s, a period that, in its spirit of officially letting 'a hundred flowers bloom' as long as the flowers behaved themselves, produced playful, prolific, formally experimental poets like Dezső Tandori.[4]

The oldest poet in this anthology is ISTVÁN KEMÉNY, whose books began to appear from the mid-'80s onward when he was just twenty-three, and whose reputation was quickly established – to the extent that poets half-a-generation after him (including János Térey) acknowledged him as a major influence. He established a poetic idiom that uses the occasional conscious archaism. "All I do," he writes in his essay 'The Stripping down of Poetry', "is sit there quietly, my ears blocked with clay, making notes... I am studying how *homo sapiens* behaves while listening to the song of the sirens and try to guess from that what the song might be. It's the only way I can be a poet." There is, in fact, a wide rhetorical range in his work, the pitch high but veined with an irony that sometimes makes the tone hard to gauge in English as it moves from the personal to the broad and part-public. It is a properly uncomfortable poetry for times which are themselves on the turn as he is writing.

SZILÁRD BORBÉLY's first book appeared in 1988 and won a series of prizes through the '90s. László Lator, the poet and critic, described his poetry as being "of a state of life that is for some reason reduced, eroded", adding that "he does not write specific poems as much as one whole book that can be divided into musical moments that in fact, despite its diverging elements of style, creates a homogeneous, musically structured whole." For

---

[3] Hungarian versions of post-Modernism, say for example the work of the novelist Péter Esterházy, retained a humane face and a human core. There are many complex reasons for this: one probably being the nature of political opposition, another the separation from a globalised consumerist version of capitalism. Irony, intertextuality and metatextuality were devices that asserted the rich complexity of human identity under pressure, not the erosion of the self through simulacra and other phenomena.

[4] The distinctions between what was considered traditional and avant-garde were less sharp than they sometimes appear in Britain. Nemes Nagy wrote in straight rhymed verse as well as in experimental prose. No one really thought this odd. Edwin Morgan, regarded as a Modernist in Britain, would have been a perfectly mainstream poet in Hungary.

that reason I have used poems from one of those musically structured wholes, the book, *Berlin-Hamlet* (2008). His translator, Ottilie Mulzet, says that to read Borbély is "…an experience akin to strolling through one of the phantasmagoric shopping arcades described in Walter Benjamin's *Passagenwerk* – yet instead of window displays boasting the remnants of nineteenth-century European optimism, we pass by disembodied scraps of written text from the far more ghostly realm of early twentieth-century modernity." I find these poems haunting and lyrical in the way a visual artist like, say, Gerhard Richter is, as presences not quite fixed.

The poems of ANDRÁS IMREH seem more straightforward, less 'conceptual' but, as he says, in his poem 'Trees with White Trunks' (p. 69), where he recalls a conversation with his mother:

> …it's just that our eyes see something different,
> yours see white slats of cloud,
> mine a world that is nowhere transparent.

The world is nowhere transparent but it remains a human world with recognizable selves and recognizable social obligations. It is just that the selves do not become transparent. The poems deal, apparently simply, with pathos and loss and are distinctly un-dramatised. Time and the weather in 'Sunday Morning' (p. 67) are

> quite forgettable,
> a time of endless boredom,
> cut of the same cloth as my death.

He is praised for his economy and precision, both formal and psychological. He often employs rhyme, syllable count and other devices but does so lightly, unobtrusively. This self-discipline is, I think, a quiet form of resistance to the febrile and often debased language of a transitional period. The sensibility deals in small intimate matters but what it perceives and registers are powerful impersonal forces that leave one little space. The tightness of the space is all.

In this respect he resembles MÓNIKA MESTERHÁZI, who also picks up something from Zsuzsa Rakovszky's version of the lyric self. That self, too, has a constricted space available to it. In a short poem – the poems are mostly short – called 'Assuming' (p. 89), she ponders what she might give her life for, and decides her life is 'too light', but then changes her mind:

> ...But say it's possible, that it's not too light,
> that I offer it up but bring the universe
> down in the process. I think it best
> not to harp on the subject of my lightness,
> to avoid pretension, to forget I mentioned it.

Almost parenthetically, one notes the universe being brought down. The poem then slots itself back into the world of manners as if ducking out, implying: "Did I say that? Surely not." And yet the universe is everywhere in her poems: stars, sandstone, the wind. It is the Romantic element of Rakovszky, inherited from Plath, via Duffy (in the latter's case), that drives the poems on. The distances of Imreh appear as clashing waves on distant shores in Mesterházi, but both are aware of a certain propriety that the state, and indeed the entire state of affairs after 1989, is unlikely to offer. Propriety and quietism are, in this sense, political responses to a world that tends to destroy meaning.

KRISZTINA TÓTH has become one of the leading figures of her generation. The autobiographical self has more narrative room here, or perhaps simply gives itself more room. As with Mesterházi, the line from Nemes Nagy and Rakovszky seems fairly clear, though unlike Nemes Nagy, the self in Tóth is distinctly female. She often writes about what are traditionally regarded as female subjects: love, relationships and nature, but the voice is tough, occasionally discursive, often obliquely narrative, and capable of sounding great, haunting depths. Like almost all the younger Hungarian poets, she employs elements of what is sometimes called 'traditional' form – meaning stanza, meter and rhyme – but in contemporary terms. In many ways she is easier than some others to translate because there is less left out, because the narratives are recognizable to us as sensibility somewhere between Michael Hofmann and, yes, Carol-Ann Duffy once more. Behind it is the metaphysical vacuum we detect in Imreh in a less direct way.

Both Tóth and Mesterházi – and to some degree Imreh too – owe a great deal to the school formed around Nemes Nagy after the Second World War, or rather to the magazine she founded with her then husband, the critic Balázs Lengyel. That magazine, *Újhold* (New Moon) was quickly banned by the Stalinist authorities, but it had already attracted the most significant poets of the time, including Weöres, Pilinszky, Tandori and many others. Though the magazine was closed down, its aesthetic – internationalist, formal, highly disciplined – continued to exercise

influence and, when it was relaunched as an anthology in the mid-'80s, younger poets such as Rakovszky and Győző Ferencz were soon involved in its publishing and editing. Ferencz is, in fact, an important figure in maintaining that aesthetic both in his own poetry and, just as importantly, in his teaching and critical writing. A number of young poets acknowledge their debt to him. It is hard to catch the precise strain of the ironic, the oblique, the modest, the lyrical and the heroically tragic in his poetry in English translation – I have, to my regret, tried without much success but English doesn't seem to possess the right organ-stops, or at least I can't find them – but it continues to sing in the work of others.

VIRÁG ERDŐS is altogether another matter. Her subjects are rarely personal except in an ironic way. She uses wild wit, street language and scatology to savage a clearly public, clearly social realm. One might think of her as a writer of anti-consumerist satires, or a feminist with dangerously sharp scissors. There are grotesques and broadsides and stories, some in verse, some in prose. Some critics think she is uncategorisable. She is also a writer of plays or dramatic dialogues and one can see why she might be drawn to drama. She writes tales too, although as she herself says, she hates tales because they are always the same. She is, in short, a contentious figure in contemporary Hungarian writing, something of a rogue beast. We could possibly compare her with an earlier writer of grotesques, Istvan Örkény, but it wouldn't get us far. She has an extra de-cultured ferocity; she is propelled along on a tide of emotion we might have associated with punk and is in this anthology because she is, in my view, an important writer, one altogether without propriety and metaphysics but possessed of genuine writerly discipline. Every so often, it is salutary to be beaten about the head like this.

The question of the public space is, to some degree, answered by the work of JÁNOS TÉREY, a remarkably vigorous, intellectually energetic writer not only of poems but a wide range of literary forms. He enjoys perhaps the highest reputation of those represented here and would, by his absence, constitute the greatest gap. He is central in the way that Erdős is deliberately peripheral (although great and marvellous things, especially in post-imperial times, often happen at the periphery). Unlike Erdős, he is difficult to translate as his tone is much more elusive, more complex, more specifically Hungarian in some respects, in that both voice and concern are closely tied in to the current of Budapest thinking. It is thinking that is always ambitious, always

a touch theoretical while maintaining its own form of street-talk; it just happens to be a highly intelligent, historically-conscious street. In Budapest the voice falls naturally: in British English it sounds more wilful. There is no easy equivalent to be drawn. In many ways it is fully, consciously, ambitiously literary work. His verse novel of 2001, *Paulus*, was regarded as "the great *Gesamtkunstwerk* of Hungarian post-modern literature (or at least, poetry)." Szilárd Borbély wrote of *Ultra* (2006): "The narrator speaking in these verses assumes a wide range of roles, leading us through various historical epochs and various European settings. The poems are replete with bravura rhymes and melodic and syntactical structures, quotations of forms and rhymes, homage, cultural allusions, playful echoes. What flickers to life in the poems is a cavalcade of highly diverse civilisations, washing into and interacting with one another." Some of Térey's work has been adapted to theatre and a passage from his 2008 play *Table-Music* is included here. Térey is a highly prolific and protean writer for deeply fragmented, protean times.

The poet István Géher (b. 1972), is not to be confused with his father, the poet István Géher (b. 1940) who, like Ferencz, is one of those influential figures whose teaching has informed a generation of poets like Mesterházi, and an important figure missing from this anthology, Dániel Varró (b. 1977).[5] In order to avoid the confusion, the younger Géher usually publishes as G. István László. His work is anecdotal, ironic, humorous, the tone immediately identifiable as lyrical, male and romantic. As the reader may be able to tell, his work is more easily translatable if only because we have certain relative, if not entirely thoroughgoing or fully elective, affinities to hand. His subject is modern life with its anxieties and alienation. The poems are beautifully crafted, with a light touch, but retain considerable intensity of feeling. His work can be highly formal but it feels informal. It is the shrug, the hidden formality of the everyday. As his poem about the headwaiter ('Headwaiter', p. 193) says:

> A plate slips, falls.
> Every one is family, every one bereaved.
> Every one is happily deceased.

---

[5] Varró is one of the most popular Hungarian poets but one hardly translated into English. His time will come.

ANNA T. SZABÓ is the writer of perhaps the purest and richest vein of lyrical poetry in contemporary Hungarian – her debt to Rakovszky is clear from her technique through to her range of feeling. She was born in Transylvania in 1972, at a time that was bad for both Romanians and Hungarians, but particularly tough on ethnic Hungarians. Like her husband-to-be, the novelist György Dragomán, she left Transylvania in her mid-teens and was then educated in Hungary. Her poems lend themselves to translation since her subjects are elemental rather than local. She writes of love, of physical and moral passion, of birth and motherhood, but also of photography, film and all things visual. Her propriety is not a matter of distance or irony but of governed form. Poems open from small specifics onto deeper, larger matters. In some ways her voice is reminiscent of Attila József's in its passion and compassion. As Judit Márványi writes: "The claim and the ability to happiness is there hidden in Anna T. Szabó's darkest poems, as in a well-defended nest or unseen, at the depth of water. But happiness, not as a message, a topic or a story, but as form itself, is there in the body of the poem; the lines proceed in merry dance steps even in the vicinity of death, of anguish." Győző Ferencz writes of the "fragile balance" of her work. There is no subterfuge in her poetry: the passion is underwritten by complexity of experience and a very sharp, very unsentimental eye. One of her most powerful poems, 'She leaves Me' (p. 227), is about childbirth, as voiced by the child:

> She betrays me, she leaves me.
> She pushes me out of herself, and leaves me.
> She offers herself to feed on, and leaves me.
> She rocks me and she leaves me.
> Wipes my bottom, combs my hair,
> caresses the soles of my feet, but leaves me.

The rhetorical manner is at one with the universality of the theme that, at the same time, retains its intense particularity, as indeed it has to – and always does – in Szabó's poetry.

TAMÁS JÓNÁS is of a Roma family. He does not like being referred to as a 'Roma poet', nor is he here to represent the Roma population of Hungary. He earns his place in this anthology as a poet, although it has to be said that his poems are in a different key from most of the other poems in this book. Jónás's poems, says Terri Hunter, "...are confessional, almost to the point of being obtrusive. They often lead us right into the middle of the private sphere where we would prefer not to look." It is, she

continues, "...Roma poetry in the sense that it gives voice to an ethnic group steadily growing in number, but lacking in prominent intellectuals and artists. This is also a reason why his works are markedly different from most of contemporary Hungarian poetry. In the process of finding his own voice, he often reaches back to older literary models – to Villon, Attila József or nineteenth-century Hungarian poets," adding that "If contemporary poetry is characterized by playfulness, a fundamental irony and theoretical consciousness, then Jónás' poetry is 'outdated'." Well, no, it is not outdated, since the consciousness animating his poems is by no means archaic. But it does resort to a different mode of telling, one more direct, more involved in myth and tragedy. 'Ballad of the Tortured' (p. 245) begins:

> I knew Feco when he was strong and proud,
> a falcon amongst sparrows round our home.
> His dad was in the shithouse that he burnt.
> He'd slumped asleep whilst he was on the throne.

We can hear Villon there, but are also aware of a proper, credible Villonesque vibrancy.

ORSOLYA KARAFIÁTH is an interesting figure in that she is highly conscious of her image as a poet and publicly lives up to it – 'poet, translator and publicist', says one biographical note. She is also the singer with a band. She plays the glamour card, and even, to some degree, the celebrity card. Images of her in various personae abound on the internet almost more than her poems do, and this renders her a peculiar phenomenon, a kind of Madonna of poetry. If Virág Erdős questions femininity, Karafiáth exploits it in a series of masks. Her poems are like songs, cabaret songs that reject cliché while playing on it. Her poem, 'Earth' (p. 257) talks directly about mask and its sources.

> You know them well. Those weathered stones.
> Those rocks in never-ending chains.
> The clay soil baked hard. The ashes.
> The zinc, the brass, those burnt remains.
>
> Pigment, oil. Platelets. Our faces
> emerge now, ready to behold.
> We are made of various dusts.
> We'll turn into pure dust of gold.

'Lotte Lenya's Secret Song' (p. 259) begins:
> My voice will vary every time,
> always new cues, new stars, new look.

> My words are just a whispered rhyme,
> deletion from a shoddy book.

There is, in other words, a highly conscious and skilful crafting involved in the Karafiáth poetic persona. Style and substance are complementary.

If there is a poet as densely lyrical and rich as Anna T. Szabó, it is ANDRÁS GEREVICH, His poetry, mostly gay love poems, is a matter of perfect balance in pure narrative: in cadence, in period, in detail, in the point where the narrative stops and in the implication of what it leaves out. Everything is simply what it is – or perhaps 'simply' is not quite the right word. Having written the blurb for his new bilingual collection, I think it is appropriate to repeat it here:

> It is one of the most difficult things in the world to write poems so clear, so pellucid, so free of metaphor and simile as to be almost pure speech. Everything depends on narrative shape and tone because there is little else. András Gerevich's poems are like that. They are mostly about love, desire, and passion; a little like a diary, a little like a letter, a little like a confessional, the first person singular being at the centre of each. But there is nothing self-indulgent about them. In that respect they are reminiscent of Catullus on the one hand and Cavafy, in some moods, on the other. It is the range and precision of emotion that gives them their necessary independence: voice becomes free-standing sculpture, moving, elegant, beautiful. The poems enter English with a lightness, almost unannounced, as immediately recognisable feelings that make their own space and hold it as naturally as if they always belonged there.

> ... I'd have liked
> to chat with someone, hitchhike into Boston,
> spend the night clubbing, but Josh was asleep,
> Jamar too, Terence and Jacques,
> all the men I never had time
> to fall in love with were asleep.
> With them in mind, I dozed off briefly
> and the wrinkles on my face smoothed out.

The curse of anthologies is omission. Anthologies assume a false authority that seems to suggest that everything that is worth collecting has been collected, and that any material left out is of lesser value, and therefore may safely be ignored. That is far from the case. Omission may be thematic, occasional, temperamental, or opportunistic. Work may be omitted simply be-

cause it is unavailable at the time, something that often happens with anthologies of translation. Or perhaps the available translations are not quite good enough; maybe, because of lack of money, of time or inclination, not enough translators could be recruited to the cause. I have edited anthologies before and have always regretted the omissions far more than the inclusions. In that respect, the anthologist is always wrong.

Having worked for twenty-five years as a translator myself, I am equally aware that the translator often gets forgotten altogether. Let the translators of these poems not be forgotten. At the core of this book is a project organized jointly by the British Council and the Hungarian Cultural Centre that brought together a number of younger British and Hungarian poets for mutual translation that resulted in a pamphlet or chapbook called *Converging Lines*, which included poems and translations by Krisztina Tóth, Anthony Dunn, Anna T. Szabó, Clare Pollard, Mónika Mesterházi, Matthew Hollis, András Imreh, Polly Clark, István László Géher, Owen Sheers and Péter Rácz, who, like Dániel Varró, and for many of the same reasons, is another of the sad omissions. Material from that brief anthology has been used here.

Though anthologists are invariably wrong, I do think there is an impressive and fair selection of work in this volume, and that it gives the reader a reasonable idea of what has happened since 1989. Poets are not primarily political commentators, of course, nor are they obliged to act as conscious transmitters of the *Zeitgeist* as it appears to them or indeed to an outsider. *Zeitgeist* is what happens between the lines. What seems clear to me is that the change of political system – from something alien to the West to something more recognizable to it – has not turned younger Hungarian poets into versions of Western Europeans overnight.

Life is far more interesting than that. Consciousness trawls a much deeper sea. That which we had in common before, we continue to have in common: that which was different remains different, albeit in a changed, and still changing, way. Anna T. Szabó's poetry, for example, is often about love, desire, birth and death, but the edginess and darkness haunting her poems of love and loss are derived from specific local and historical circumstances. It is *that* darkness, *that* edge of fear that lends pressure to her poems. Krisztina Tóth's narratives have an almost transatlantic feel, but the cut of the tongue is distinctly Budapest. Géher's voice is similarly of Budapest; the shrug is

built into it, as is the nervousness. András Gerevich's poems of desire would have been poems of desire at any time and in any place; indeed some of the places have the leisured internationalism of the modern world. But the nerves on which they play are strung on Hungarian neuroses.

On the more conscious level, Borbély and Térey are both aiming to construct houses big enough to accommodate the wider histories of which they are part. Their enterprise is anticipated by Kemény's. Virág and Karafiáth both live in the twilight of the modern world, that is to say the post-1989 world. They are its critics and embodiments. András Imreh and Mónika Mesterházi live in the consciousness of the new world, and where it leaves them as individuals, as particles of sand on the shore from which the state and its grotesques have so recently withdrawn. There is change everywhere. Tamás Jónás's world is perhaps the one that has changed least, being the most overtly tragic and torn.

These are, if you like, poems of transition from what we thought we knew to that which we only apprehend. The illusion of a settled state of affairs in the world, a fixed binary opposition between directly conflicting systems and incomparable lives, has melted away. Maybe it always was an illusion, or at least partly so, but it did offer, if nothing else, an illusion of certainty, something a Hungarian could shrug at and accept as just another 'damn thing' in a long, unbroken sequence of 'damn things'. At least it was a constant 'damn thing'.

The illusion is gone, but history has not vanished with it. The new position leaves less room for heroics and for myth, but they have not disappeared either. They are simply moving at greater depth, with smaller, often sharper, teeth.

George Szirtes

ISTVÁN KEMÉNY

ISTVÁN KEMÉNY entered university to study law, but switched to Hungarian literature and history, graduating in these subjects in 1993. In his early poetry collections he continued the prevailing trends of decadence and symbolism. He won two literary prizes while still in his twenties. Kemény also writes short prose pieces in which he addresses moral questions in a sober style: human indifference, environmental pollution, God's thoughts about the world. The early volumes of Kemény's poetry caused a positive explosion on the literary scene and particularly in the universities. His titles are revealing: *Circular Staircase to the Forgotten Departments* (1984), *Playing with Poisons and Anti-Poisons* (1987), *The Art of the Enemy* (a novella, 1989) and *Themes from the Film Rococo* (short stories, 1991). His poetic and prose forms revealed a need for a kind of classicism and, for a while, a new type of symbolism and sensibility. In his poems Kemény repeatedly makes us face up to the fragility of everyday language.

NAGYMONOLÓG

Eljön megint a franciák uralma
A Nagy Lovagság újra meghatódik
És elkísér egy újabb rossz királyt a
Szentföld felé, de félúton csatázik
S az Elveszíthetetlen Ütközetben
Mindenki meghal, ők s az ellenségük
A földön ezzel egyidőben annyi
Derül ki majd, hogy dörgött és esett az
Éjjel: a prognózis szerinti keddre
Eljött megint a franciák uralma.

A franciák alatt a múltat értjük
A Gótikát, az Ancient, a Terrort
Megismételhetetlen stílusukban
Ahogy csak egyszer élt és halt az ember
A Gótika, az Ancien, a Terror
Alatt viszont a Templomot, az Udvar
Kertjét s a szörnyű Gázkamrákat értjük
És egyszer elfelejtjük. Itt a vége.
A kert, a templom és a kamra egyszer-
csak jó meleg vasárnap déli fényben
Érinthetetlen pó-vidéki ház lesz
Az udvarán öreg pap-arcú autó
S 1938, örökre
Az édesanyánk születési éve
A nagy merőkanál a húslevesben
Ebéd előtt egy hosszú percre eltűnt.
Egy hosszú délután elébe nézünk
Jelek most nincsenek, lecsillapultak

És nem borzongunk, hogyha éjszakánként
Az egészségünk lombja zúg a szélben
Mert mi lettünk az erdő, és a házban

GRAND MONOLOGUE

The French will come to rule us again
And splendid knightly orders be persuaded
To follow in the train of yet another
Lousy king towards the Holy Land,
Though he, *en route*, will stop to fight a battle
One would have thought impossible to lose
Which they, and their enemies, all did –
And what shall issue forth from this on earth
To greet the daylight? Well, there was a storm
Last night, with rain, and then on Tuesday what
The forecast said would happen, happened, and
The French returned to rule us once again.

When we say 'French', we really mean the past,
The Gothic, Ancien Régime, the Terror,
Each of which, unparagoned in its style,
Epitomised uniquely a modality
Humans lived and died in. Nevertheless
By Gothic, Ancien Régime and Terror,
We also mean the Church, the Courtly Gardens
And the atrocious gas chambers – although
One day these things will also be forgotten,
And that will simply be that, and then suddenly,
The churches, courtly gardens and gas-chambers
Will turn alike into a sort of warm
Sunday afternoon in a quiet house
Sequestered far away up the Po Valley
With a monkish-looking jalopy in the courtyard
And the year 1938 will be no more.

Than the year Mother was born, and the ladle
Used for serving at lunch fell in the bowl
And vanished in the bouillon for several minutes
Meanwhile a longish afternoon's expected
Though with no more omens, things having gone
Quiet for a change on that front nor shall we
Start trembling if, the whole night long, the foliage
Of our health keeps rustling in the west wind
For we have been changed back into a forest
And all that's left inside the house is the droning

Csak egy üres képernyő zúg, a tenger
Az emberélet útjának helyén
Egy nagy, sötétlő allé és a semmi.

VALAMI A VÉRRŐL

Az élet dönt fát a hintó elé, maga az élet,
Az élet dönt fát mögéje, ha megállt,
Az élet kavarja meg a lovakat, az élet,
A fák közül az üvöltéseket ő hajtja ki,
a lesből a zsiványokat ő hajigálja a célra.
Az élet metszi el a torkokat, maga az élet,
adja el a hintót, az élet, az élet.

A véren tanul, a véren gyakorol, a véren
próbál embert, gondolkozik a véren,
kifürkészi az útjait, ahol kibuggyan, ő is ott van,
szereti a vért, bort ad érte,
menj, vigyél neki, csengesd föl, alszik,
de akkor is bort vagy vért ad érte,
lejön a kapuba, hozza bármikor. Te még
nem ismered, az élet, az élet.

Te is szereted, ne tagadd le. Csinálj valamit,
mert elmegy, elmegy. Szökik, üti-veri a lovakat,
szökik a zsákmánnyal, viszi az egészet,
és közben elszórja, elmulatja,
beváltja kísérőzenére, arra
a gyerekkori, vacak filmzenére,
amivel már annyiszor átvert. Végül
a füledben hagyja a maradékot,
dúdolva, fütyülve halsz meg, te hülye.

Of a vacant screen instead of the sea and
Nel mezzo del cammin di nostra vita
A big dark yawning alley gapes and nothingness.

        Translated by George Gömöri and Richard Berengarten

SOME WORDS ON BLOOD

It's life that fells a tree in front of the coach,
Life that fells a tree behind it once it stops,
Life that confuses the horses, life
That pouts blood-curdling howls out of the woods,
Life that hurls bandits from the ambushes for loot,
Life that cuts throats, life that gets
A good price for the coach, life again, more life.

Life learns from blood, researches through blood,
Does its testing with blood, broods over blood and peers
Deep in its bloody ways. At the merest drop, that's where life is.
Life loves blood, exchanges it for wine. So go and give life back
Some blood, jangle the bell. Life may still be asleep
But you'll still get either wine or blood for it, and life
Will come down and meet you at the gate any time.
So you haven't got to know what life is, have you?

And you can't deny you love life. So go on, do something.
For life is leaving, running out, whipping up the horses,
Taking the loot with it, the whole ruddy lot,
Then sloshing it all over the place, having a ball with it
And then changing whatever's left into background music,
Into one of those tacky old film scores of your childhood
Which life used to use, just to make a fool of you,
And that's how you'll end up, with it glued into your ears,
And that's how you'll die, fool, humming and whistling it.

        Translated by George Gömöri and Richard Berengarten

A BÚJÓCSKA

Lerohanok a bújócskáig,
a bújócska fokán bújok el,
– na ez jó lesz! legalább gyerek leszek újra! –
Idáig nem ér le a fény
ha a pinceajtón belesnek.

Vadul dobog a szívem,
mert nem csak gyerekek hunynak,
felnőtt is van a bújócskában.
Felelősséggel mondja ki, harminc!
aki bújt, aki nem! És jön már.
És ha jön, akkor le is jön. Ő
lejön, mert a felnőtt az mindenütt
keres. Benéz a gyerek-nem-járta-helyre.
Beles a gyerek-nem-gondolta-helyre.
Bevigyorog a ne-a-gyerek-előtt-helyre.
Nem ismer sem Istent, sem embert, se rémet.
Lejön a bújócska fokáig és lejjebb,
ha kell, a szülésig, ha kell lejjebb.
Én is lejönnék, ő is lejön.

De a kert nagy, a gyerek sok, egyelőre
ő is inkább a napsütésben,
fönt keres. Bokrokat
nyit, apróságokat
szed össze. Eszébe sem
jutok még itt a földben,
a bújócska nyirkos lépcsőfokán,
rettegve mint az állat, amíg
az összes gyerek meg nincs,
és kórusban nem követeli,
hogy legyek meg én is,
legyek meg én is.

HIDE AND SEEK

I zoom off down to the hide-and-seek place
and hide on a step in the hide-and-seek stairwell.
This is going to be fine! I'll be a child all over again!
The light won't reach me down here
if anyone peeps through the cellar door.

My heart's hammering in my chest
because in this game it's not just children
playing the seekers but grown-ups too.
So let whoever-it-is call out ponderously, Thirty,
Ready, Steady, Here I Come! Well, let them
and if they do, they're sure to come down here too
because grown-ups peek everywhere,
peer into nooks where children have never trod,
poke into crannies children have never thought of,
shove their grins into 'not in front of the children' zones,
acknowledge neither God nor humans nor monsters,
go down into the hide-and-seek stairwell and still
further if needs be, back down to childbirth and deeper.
If I were in their shoes I'd do the same. So will they.

But the garden is huge with a lot of children around
so for the time being whoever-the-seeker-is prefers
to go on looking out in the sunshine, rummaging
behind bushes and picking up nippers
and toddlers. It doesn't occur to whoever-it-is
to take a look down here underground
where I'm hiding like a terrified animal
till all the children have been discovered
and chant in unison demanding
that I be found out as well as them and
be shown up like them as well.

Translated by George Gömöri and Richard Berengarten

A KOBOLDKÓRUS DÉLELŐTTI DALA

Nőni, nőni, mert megverünk!
Egy ideges, rohadt alakot akarunk, akitől félünk.
Nyolcéves vagy? Akkor megverünk.
Mi vagyunk a többi gyerek.

Ez csak a délelőtti dalunk.

Gecik vagyunk, geciségeket is mondunk,
bele se mersz minket a naplódba írni.
Utánad megyünk az iskolától.
Nőni, nőni, mert megverünk!

Ez csak a délelőtti dalunk.

Megnézünk, amikor szarni akarsz a vécén.
Nőni, nőni, vagy mindig előttünk szarsz tízévesen!
Egy ideges, rohadt alakot akarunk, akitől félünk!
Tizenkettő múltál? Akkor megverünk.

Ez csak a délelőtti dalunk.

Nőni, nőni, különben mi növünk,
előrefutunk, és megvárunk a kölykeinkkel.
Kapsz húsz évet, azalatt nem hallasz rólunk,
de ha akkor is egyedül jössz, megölünk.

APA BARÁTAI

1.

Azon az egyetlen délelőttön,
a gyerekkoromban történt. Két
férfi jött a harmadikhoz
alapot ásni nála. Vidám
lakói a délelőttnek, hárman
a napsütésben. Az igazinak

ELVES' MORNING SONG

Grow up and keep growing or we'll thrash the daylights out of you.
All we're after is some weirdo who gives us the creeps.
How old are you now, eight? In that case we'll beat the hell out of you.
All of the other kids – that's who we are.

And this is just our song for the morning.

We're a bunch of wankers, what this says is made for wankers
So don't you dare go and put it down in your diary.
And watch it 'cos you'll be followed home all the way from school
So you'd better keep growing or we'll thrash the daylights out of you.

And this is just our song for the morning.

Whenever you take a shit remember we'll be watching you,
So keep growing or when you're ten you'll still be shitting in front of us!
All we're after is some weirdo who gives us the creeps.
How old are you now, twelve? In that case we'll beat hell out of you.

And this is just our song for the morning.

You'd better keep on growing 'cos we'll grow even faster
And run on in front of you and wait for you with our own kids.
You'll get twenty years off without hearing a word from us
But if you're still on your own then, that's when we'll do you in.

Translated by George Gömöri and Richard Berengarten

MY FATHER'S FRIENDS

1.

It happened on a morning
when I was still a child. Two
men came to the third one
to dig foundations for him. Merry
citizens of the morning, three
men in the sunlight. In this allegedly

vélt napsütésben srácnak
neveztek mind a hárman.
Csákánykapával, fürdőgatyában
dolgozni véltek, pedig dehogy.
Még sört sem ittak, vizet
vedeltek, s majdnem elkészültek
estig. A homokkupactól
figyeltük őket, én
és a lányaik.

Ó drága érdi férfiak, ti
Don Quijote de la Panzák, ti
pestvidéki küszködők. A
házatok kész azóta sem lett,
ilyen házban kell laknotok.
Mert lopni nem – vagy csak a
gyárból negyvenhat éves vackokat:
egy elnyírt fűrészt vagy egy
szivattyút, s otthon aztán évekig ezzel
mulattatni a talajvizet. Ti
majdnem munkás, szinte mérnök
Élet és Tudomány-t járatók, ti
megható találmányoknak
költői annak, mit más a
sörre, borfőzők, ezüstcsinálók,
bottermelők és bárkaművesek.
Veletek éli le életét egy
valaha sorsra érdemes nő,
bólint az összes tervetekre,
hétköznap este bólogat,
nem eszik húst, és ásítozva
jógázik veletek évekig, de
vasárnap bontott téglát pucol
tíz évig nevetve-sírva-válva,
tíz évig összeszorítva száját,
de azóta már az életéről
van szó, és sírva tiltakozna –
hogy valaki tönkretette őt?!

real sunlight they called me
'a kid', these three.
In swimming trunks, pickaxe in hand,
they worked (supposedly), but not really.
They did not even drink beer, just
gulped down water and had almost
finished by night. From the sand-heap
we watched them,
their daughters and I.

Oh you dear men from the small town of Érd,
you Don Quixote la Panzas, you
struggling folk from country Pest. Your
house has not been finished at all,
and you've got to live in such a home.
For stealing is out – or just
46-year-old trash from the factory,
an overused saw or else
a pump with which at home you would
tease out the groundwater for years.
You almost workers, nearly engineers,
subscribers to Life and Science, *you*,
who spent money on inventions
that touched you – others would spend it on beer –
wine-makers, amateur silversmiths,
stick-producers and builders of the ark.
It's with you that a woman lives,
she had hoped to have a nice life once;
approving all your projects with a nod,
she keeps nodding off every evening now,
she eats no meat and though she yawns
she would do yoga with you for years, but
on Sundays cleans bricks from a derelict site,
for ten long years laughing-crying-divorcing,
for ten years just pressing her lips together,
but now it is her life that is at stake
and she protests while sobbing –
has someone ruined her only life?

2.

Este a bárkáról volt szó, de főleg
hogy mi minden kell a bárkára még:
áramfejlesztő, ködkürt, karám
és gombapince, sőt óceán...?
Itt elaludtam, s ti nagyapák
lettetek azóta, emlékeim.

A MÉHÉSZ

Hatezer évig voltam méhész,
száz éve vagyok villanyszerelő.
Ha nyugdíjba megyek, majd újra méhészkedem.
Valami zümmögjön nekem, zümmögjön nekem,
zümmögjön nekem, zümmögjön nekem,
zümmögjön nekem.

TÖBB ISMERETLENES ÁLOM

Két szál füstön lóg a Föld,
a vékony az enyém, az övé a vastag.
Elnyomom a csikket, már nem rakok a tűzre,
egy szál füstön lóg a Föld,
aztán az is elvékonyodik,
elszegényedik, megöregszik, meghal.

　　Azt álmodom, hogy gyilkos leszek,
　　ha nem lesz egy hajszál, ami megtart.

2.

In the evening the talk was about the boat,
and mostly of that which you still needed for it:
a generator, fog-horn, sheepfold,
a cellar for mushrooms, or even an ocean?
At this point I fell asleep and you, who are my memories
Have since grown into grandfathers.

Translated by George Gömöri and Richard Berengarten

THE BEE-KEEPER

I have been a bee-keeper for six thousand years
And for the past hundred years an electrician.
Once I retire I shall keep bees again.
Something should hum for me, oh hum for me,
Hum and hum and hum
Just for me.

Translated by George Gömöri

DREAM WITH SEVERAL UNKNOWN FACTORS

The earth hangs on two threads of smoke,
the thin one is mine, his is the thick one.
I stub out my butt, I stop kindling the fire,
the Earth hangs on a thread of smoke,
then it grows poor, grows old and expires.

   I am dreaming of committing a murder
   should there not be a single hair to uphold me.

Hajnal körül, bibliai tájon
balról jobbra átvonul a dátum.
Elől a nyáj: a másodpercek,
a perc, óra, nap, majd a hónap,
mögöttük végül három
fiával elballag a kettes.
És reggel lesz, budapesti reggel.

    Azt álmodtam, hogy gyilkos vagyok,
    mert voltam már, legalábbis egyszer.

Két szál vízszintes füst az égen,
repülőszar, egészen friss még.
Cigaretta, utca, újság, levegő
és már nincs is kondenzcsík az égen.
A gyilkosság a füstbe ment, tudom,
benne bújt el nehogy elkövessék

    és van mögöttem valaki a sorban,
    akire már nem jut felelősség.

A NÉMA H

Világgá menni láttam, de
azt hittem, csak sétál,
sétál a nagykabátban,
a szerelem idején együtt
vásárolt nagykabátban,
sétál csak úgy, vagy sétál
de világgá akar menni,
azt hittem, hogy csak sétál
és nem fog világgá menni,
világgá menni láttam,
nem gondoltam, hogy ennyi.

In a biblical landscape, when the sun rises
the time of day marches from left to right.
First the herd: brisk seconds walk,
then the minutes, hours, days and months go along,
behind them, finally, with its three sons
Number Two passes through the scene.
And then it's morning, a bleak Budapest day.

> I have dreamt that I am a murderer,
> for I was one, at least once in my life.

Two horizontal streaks in the sky –
aeronautical shit, still quite fresh.
A cigarette, the street, a newspaper, the air,
and no longer are there vapour trails in the sky.
The murder has gone up in smoke, I know,
it hid itself to escape from being reality,

> and there is already someone behind me in this queue
> who won't be burdened with responsibility.

Translated by George Gömöri

THE SILENT H

I saw her leave home, but I thought
she's gone out for a walk,
wrapped up in the great-coat
we bought together, deep in love
in those days, she took her coat
and went out for a walk
or walked out of my world,
I thought that it was just a walk
not walking-out on me,
I saw her leave, but all this I couldn't possibly see.

A hatalmas, néma H-nál
futottunk akkor össze
(kórházba rohantam éppen,
a műtét előtt apámhoz),
a hatalmas, néma H-nál,
a járdaszélen álltunk.
Mondta, hogy világgá megy,
mondtam, hogy sietek sajnos,
mondta, hogy akkor menjek,
motyogtam: akkor én is...
mosolygott: szia, és elment.

Az utca lejtett előtte
és emelkedett előttem,
emelkedett és lejtett,
végig működött közben.

It was the huge silent H-sign,
where we bumped into each other
(I was rushing to the clinic,
before my father's operation),
facing the huge silent H-sign,
standing on the pavement.
And she said that she was leaving,
I said: Sorry, I am late now.
She said: Then go without delay,
I muttered: Well, I'm going...
She smiled, said *ciao* and went away.

The street sloped downward where she went,
the street sloped upward where I went,
it sloped upward and sloped downward,
as a street it was fine, perfectly competent.

Translated by Peter Zollman

SZILÁRD   BORBÉLY

SZILÁRD BORBÉLY was born in the east of Hungary in 1964, and has won a series of major literary awards for his work, including the Palládium Prize (2005). It was his third book of poems, *Hosszú nap el* (Long Day Away, 1993) that drew the attention of celebrated writers such as Péter Esterházy and Péter Nádas. His next, *Halotti pompa* (The Splendours of Death, 2004) was recognised as one of the most important Hungarian books of the decade. All the poems here are taken from his 2003 book *Berlin-Hamlet*, a single work comprised of Allegories, Fragments, Letters, and poems based on specific locations in Berlin.

[ALLEGÓRIA I]

Az átszúrt szív, amiben a szerelmesek
hisznek, engem feladatomra
emlékeztet. Vezérre vágytam

mindig. Apám szelleme kegyetlenségre
tanított. Amit elmulasztott életében, most
halálában kívánta pótolni. Nem

találtam megnyugtatónak neveltetésem.
Korunk szelleme túlságosan szabados
nekem. Megvetésem a gyengéknek szól.

[ALLEGÓRIA IV]

Ha túléled halálod napját, 's lesz kor,
amely hasonlít rád, ha visszanézel majd,
's eszedbe jut, mi minden voltam én,
ne hidd, hogy csak te voltál 's én nem.

Mint előadás után az est, nehéz lesz akkor
szétválogatni azt, ami történt és nem; de tudd,
csupán a játék volt, amely elmosta azt,
ki voltam én 's mi volt a létem. Mert

engem, kit megszállt mások beszéde,
's hangsúlyokban voltam jelen, majd
újra felidéz a színpad, mely ekkorra már
üres, 's mégis jelentésekkel tele. Mint játék

után az arc, fényesen mosolygó, ám hideg,
akár a szív jege. "Míg él ember szeme
's lélegzete, mindaddig él arcom,
's élsz benn te" – mondom; noha nem

én és nem te, csupán egy szöveg
emlékezete. 'S mit átélt ez a mondat,

[ALLEGORY I]

The pierced heart, in which lovers
believe, recalls me to
my task. Always have I desired

to be led. My father's spirit instructed me
in ruthlessness. What he missed in life, he now
wished to supplant in death. I did not

find my upbringing to be a comfort.
The spirit of our age is for me excessively
libertine. My scorn is reserved for the weak.

Translated by Ottilie Mulzet

[ALLEGORY IV]

If you survive the time of your passing, and that age comes
which resembles you, and should you then look back
and all that I was comes to your mind,
do not believe that you were but yourself, and not I.

Like the evening after the performance, it will be difficult
to tell what occurred and what did not; but know that
that which blurred the lines between who I was
and my existence was merely a game. For

my being, occupied by the speech of others,
as I was present in the emphases, shall
again be conjured forth upon the stage, empty and
yet meaning-replete. Like a

face after the play, radiantly smiling, albeit cold
as the heart's ice. "My face shall live
as long as there are eyes, as long as there is breath,
and you shall live within them," I say; although it is

not you and not I, simply the memory of
a lyric. And what this sentence has endured,

csak te tudod és én. 'S ők olvassák még,
mikor nem lesz se játékos, se játék.

[EPILÓGUS II]

[I]

Mert azt várják a holtaktól, hogy tudják az utat
a mindennapok szakadéka fölött. Amikor
elhagyják a kétségbeesés vidékeit, és elindulnak
egy távoli, ismeretlen birodalom felé,
amely olyan, mint a zene. Áradó, mindenütt
jelenlévő magányos várakozás. Ez a zene
nem töri át a falakat. Halkan kopog.
A réseken szivárog át. Nesztelenül belopózik,
és feltöri a láda mélyére rejtett diót.
Előgurítja az elveszettnek hitt üveggolyót,
játszik vele. Egyszerre pattannak el a vitrinekben
a metszett kristálypoharak. Pattan el a húr.

[II]

Nyitott doboz Isten léte, tele
halottakkal. Egymásra dobálva
fekszenek benne, és néznek el
mesze. Szemüket egy pillanatra sem
hunnyák le. Isten egy távoli zugban
kucorog, és reszket. Görcsösen össze-
szorítja szempilláit. Vékony,
nyüszítő hangon sír.

only you and I shall know. And it will still be read
when there shall be neither the player nor the play.

Translated by Ottilie Mulzet

[EPILOGUE II]

[I]

For the dead are expected to know the path
above the precipice of the everyday. When
they leave the lands of despair, and depart
towards a kingdom far away and unknown,
which is like music. Swelling, a solitary
expectation everywhere present. This music
does not break through the walls. It taps gently.
It steals across the crevices. Silently it creeps,
and cracks open the nut hidden deep within the coffer.
It sets rolling the glass marble believed lost,
plays with it. Suddenly, the cut crystal glasses
begin to crack in the china cabinet. And the chord bursts apart.

[II]

God's being is an open box, filled
with the dead. Thrown upon each other
they lie, and look far away
into the distance. They do not close their eyes, even
for a moment. God cowers and trembles
in a remote corner. Eyelashes convulsively
knotted together. In a thin
whimpering voice he cries.

[III]

Nyitott doboz Isten léte, tele
játékkal. Néha gyerekek ülik körül,
keresgélnek benne. Minden játék egy
rejtély. Isten ott ül közöttük, és
figyeli őket. Maga is gyermek, aki
keresgél. Amikor valamit talál,
megörül neki. Forgatja kicsi
kezében. Majd visszaejti.

[TÖREDÉK II]

A beszéd színpadán mindannyian
mint botcsinálta, rossz színészek
utánozzuk a régi hősöket.

Könyvekből olvassák nekünk,
hogy mit kell mondanunk,
ha belépünk. Ha nem jut más

eszünkbe, mint fölvenni a jelmezt,
amely akárkié. Céltalan
minden szó, amely nem vág

el fonalat. Olyat, melyet a Párkák
fontak, a gondolat hallgatag
bábái. Mert kimeríthetetlen a

megfontolás, miközben szavakat
mérlegel tettek és szándékok
helyett. Azt mondom, a minden-

tudó Párkák fonják az én beszédem,
amelynek színpadán találkozunk,
amíg ismétlek. Álruhás uralkodó

[III]

God's being is an open box, filled
with toys. Sometimes children sit around him.
They rummage through the box. Every toy is an
enigma. God sits among them, and
watches. He too is a child who searches
through the toys. When he finds something,
he is happy. He turns it over a bit
in his hands. Then throws it back.

Translated by Ottilie Mulzet

[FRAGMENT II]

In the theatre of speech we are all
like stumbling amateur actors,
mimicking the heroes of old.

They read to us from books,
tell us what we have to say,
should we make our entrance. If all that comes

to mind is to don the masquerade,
which could be anyone's. Every word
futile which does not sever

that thread woven by
the Fates, the reticent midwives
of thought. For reflection is

boundless, while in place of
resolve and deeds, words
are contemplated. I say that the Fates,

omniscient, have woven my own speech,
the theatre-stage upon which we meet,
while I declaim to you. I am the prince

vagyok, aki rajong a művészetekért,
a nagy tettekért. A végső szépségért;
akinek a gyilkosság az igazi művészet.

[TÖREDÉK VIII]

A költészet agresszivitását már nem viselem el,
s azt sem akarom, hogy tetteim után kutassanak.

Nyitott kés szeretnék lenni: a kiszámíthatatlan.
Borotvás gyilkos. A hízelgő nyelvű, aki füledbe

mérget csepegtet. Aki némává tesz, hogy ne tudj
kiáltani. Amíg az őrök befordulnak a folyosón,

öt lépést számolok. Most kellene fölkiáltani. Mielőtt
rám vetik magukat. Aztán a hallgatózás a csendben.

[TÖREDÉK X]

Olvastam könyveket, halott betűk
sírkertjeit. Gazos utakon jártam
bennük, s nem találkoztam senkivel.

Kígyó kúszott át előttem, és azt
mondta: 'Látod, e kert halott, mint
lelked is, melyet kiszárított a kétely.

Mert a kétely harcolt a vággyal, hogy
elbeszélhesd azt, amit csupán sejtesz.
Amikor elélvezel sem múlik vágyad

of simulation, worshipper of the arts,
and of momentous deeds. Of ultimate beauty.
For whom murder is the truest art.

Translated by Ottilie Mulzet

[FRAGMENT VIII]

I can no longer bear the aggressiveness of poetry,
and I do not wish my deeds to be investigated.

I would like to be an opened knife: the inscrutable.
A razor-wielding murderer. With a tongue oozing flattery, who drips

poison into your ear. Who makes you mute, so you cannot
scream. As the guards turn into the corridor,

I count five steps. Now is the time to cry out. Before
they throw themselves upon me. Then in the stillness, there are no sounds.

Translated by Ottilie Mulzet

[FRAGMENT X]

I have read through volumes, the graveyards
of their dead letters. I have walked
upon their weed-strewn paths, and met with no one.

Before me slid a snake, and this
he said: "You see, this garden is dead, like
your soul, parched with doubt.

For doubt has struggled with desire
to relate what you only dimly perceive.
When you attain fulfilment, your desire hardly

el. Csak rángatózol. Nemzőszerved
foglya vagy, míg a másik vágya tart.
Nincs arc, amelyet láthatnál ebben

a pillanatban. Vak vagy, szemed
mégis egy rémült arc után kutat.
Azét, aki nemzett: a szellemét.'

[LEVÉL I]

Végre van rólad olyan képem, amilyennek
láttalak. Persze nem akkor, amikor legelőször
megláttalak, kabátka nélkül, hajadonfőtt,
az arcodat nem szegte kalap. Hanem amikor
eltűntél a szemem elől a szálloda kapujában,

amikor melletted mentem, és nem fűzött még
hozzád semmi. Holott csak arra vágytam, hogy
a legerősebb kapocs fűzzön hozzád. Mondd,
nem hajszolt meg nagyon a rokonság? Rám
már nem is jutott volna időd, ha mégis elmentem

volna Berlinbe. De mit beszélek? Így akarom
végét vetni a magam korholásának? És végtére is
nem jól tettem, hogy nem utaztam Berlinbe? De
mikor láthatlak már végre? Nyáron? De miért
éppen nyáron, ha karácsonykor se láttalak?

abates. You merely jerk spasmodically. As long as
others still desire, you remain slave to your organs.
There is no face which you could discern

in this moment. You are blind, your eyes
seek a visage struck with horror.
That face which is begotten: that of the spirit."

Translated by Ottilie Mulzet

[LETTER I]

At last I have a picture of you as I
once saw you. Of course not as when I glimpsed you
for the first time, without your jacket, bareheaded,
your face not framed by a hat. But when
you disappeared before my eyes into the entrance of the hotel,

as I walked beside you, and nothing as of yet
connected me to you. Although I longed only
for the strongest tie to bind me to you. Tell me,
didn't your relatives pursue you altogether too much? You wouldn't
have had time for me, even if I had come

to Berlin. But what am I saying? Is this how I want
to bring my self-reproaches to an end? And finally,
wasn't I right not to have come to Berlin? But
when shall I see you? In the summer? But why
precisely in the summer, if I shan't see you at Christmas?

Translated by Ottilie Mulzet

[LEVÉL II]

Mélyen tisztelt Kisasszony, mivel könnyen
megeshet, hogy már egyáltalán nem is
emlékszik rám, még egyszer bemutatkozom:

héberül Amsel a nevem. Én vagyok az
az ember, aki először üdvözölte Magát egy
este Prágában. És ugyanezzel a kézzel átnyúlva

az asztalon, amely most a billentyűket veri, megfogta
azt a kezet, amellyel megpecsételte ígéretét,
hogy jövőre Palesztinába utazik ezzel az emberrel.

Csak egyvalamit meg kell még vallanom:
én rossz levélíró vagyok. Még rosszabb volna,
ha írógépem nem lenne, mert így, ha lelkem

el is fárad, a billentyűkön tovább dolgoznak
az ujjbegyek. És ha nem érkezik levél, sosem
vagyok csalódott. Mégis megrettenek most, hogy

új papírt csavarok a gépbe, mert úgy veszem észre,
sokkal rosszabbnak tüntettem fel magam, mint
amilyen vagyok. Ha így történt volna, megérdemlem,

miért is írok olyan írógéppel, amelyet még
meg sem szoktam? És ha mindezek után
úgy érzi, hogy útitársnak is alkalmatlan vagyok,

levelezőpartnerségem ellen, s egyelőre csupán
erről volna szó, mégsem emelhető eleve döntő
kifogás. Talán Maga próbát tehetne velem.

[LETTER II]

My deeply honoured Fräulein, given the great likelihood
that you no longer remember who
I am, I will introduce myself once more:

my name in Hebrew is Amsel. I was that
person who greeted you for the first time one
evening in Prague. And that same hand that reached

across the table, that very hand now striking the keys, held
your hand, which confirmed a promise
to journey to Palestine with him next year.

I have only one confession to make:
I am a poor letter-writer. And if I hadn't a typewriter,
it would be even worse, for if my soul

grows weary, my fingertips can still toil
away at the keyboard. If no letter arrives,
I am never disappointed. All the same, as I wind a new

piece of paper into the typewriter, I am
filled with panic, for I realise I have made myself look far worse
than I actually am. If this is true, I deserve it,

for why am I writing on a typewriter to which I am
unaccustomed? And if after all of this you were to feel
that I am an unsuitable travelling companion,

as opposed to my epistolary partnership, and for the time being
this would be your sole concern, there should be no decisive prior
objections. So perhaps you might try with me.

Translated by Ottilie Mulzet

[LEVÉL VI]

Úgy érkeztem ebbe a városba, hogy most meglátom
a tükörben az utánam osonó szellemet. Ha hegyek
közé mentem volna, akkor sem érezném magam
felszabadultabban. Napközben a várost járom,

és amikor eljön az est, hazatérek szállodai szobámba.
A terasz kicsi és szűk, de kiviszem magammal a
telefonasztalkát, egy gyertyát, amelyet valószínűleg
áramkimaradás esetére helyeztek el a fürdőszobai

tükör alá. Menekülök a zajok elől. Felkészülök a munkára,
de nem megy az írás. Amikor mintha az egész nap
fáradtsága emlékek alakját öltené, amelyek megjelennek
körülöttem és számon kérnék rajtam, hogy mire

fordítottam ezt a napot, akkor egyszerre minden megvonja
magát tőlem. Újra kimegyek az utcára. Megpróbálom
magamhoz szoktatni a tárgyakat, hogy megajándékozzanak
a nevükkel. És egyre boldogabban bolyongok közöttük

reggelig. Elveszetten, mert az enyém nincs közöttük. De
most emiatt sem vagyok szomorú, mert mindenhol ott
van az övé. A tegnapi grunewaldi sétánk és a park közelebb
van hozzám, mint most itt a telefon, az Askanischer Hofban.

[LETTER VI]

I arrived in this city only to discover: I now can see
in the mirror that shade who steals after me. If I had
journeyed among mountains, I would not have felt more
unfettered. During the daytime, I wander through the city,

and when evening comes, I return to my hotel room.
The terrace is narrow and confined, but I take with me the
telephone stand and a taper, which was placed
below the bathroom mirror, presumably in case the electricity

failed. I seek refuge from the clamour. I ready myself for work,
but find I cannot write. And when, as if the travails of the entire
day assume memory's garb, and materialise
around me, demanding to be told to what

use that day was put, suddenly everything shrinks
away from me. Once again I go out into the street, I try
to reconcile the objects to myself, so that I may receive the gift
of their names. I wander among them until morning, ever more

blissful. And forlorn, for my own is not among them. But
it is not that which saddens me now, for everywhere there is
hers. Our walk yesterday through the Grunewald, and the park,
                                                                                         are closer
to me now than the telephone here in the Askanischer Hof.

Translated by Ottilie Mulzet

ANDRÁS IMREH

ANDRÁS IMREH was born in Budapest in 1966 where he still lives. After working as a language teacher and living in Mexico for a year he is now a free-lance poet and translator. He translates poetry from English, French and Spanish including the work of Robert Frost, W. B. Yeats, Ted Hughes, Sylvia Plath, Seamus Heaney, Shakespeare and J. L. Borges among others. His own books of poetry include *That Which Has Two Names* (Hungarian), *Canción de cuna* (Spanish) and *Salut poètes* (French): at the time of writing, he is completing his new book, *Strange Love*. His poems have been translated into several languages and he has received a number of literary awards for his poetry and translations, including the József Attila, the Vas István and the Graves awards.

He works as editor of *Nagyvilág* (Big World) literary magazine which publishes contemporary literature translated into Hungarian. He gives classes on poetry and translation and has recently started publishing essays.

VASÁRNAP DÉLELŐTT

Az egész falu ott volt a misén,
a dombtetőn,
csak mi maradtunk lenn apámmal.
Újságot olvasott,
vagy csak a kapufélfát
támasztotta. A karját keresztbefonta a mellén,
és elzárta a rádiót, ha szólt.
Mi lovagló ülésben tanultunk a padon,
néha cipőt pucoltunk,
vagy focilabdával kosaraztunk.
Úgy emlékszem, vasárnap délelőtt
többnyire esett az eső,
amolyan semmire se jó idő volt,
jellegtelen,
unalom örök ideje,
idő halálom szövetéből.

A KÖNNYŰ HUZATBAN

Az erkélyre tettük ki az ágyneműt,
hadd szellőzzön. Könnyű paplan volt,
sárga alapon kék bogyókkal,
fagyönggyel és áfonyával talán,
a huzat rózsaszín-fehér csíkos.
Napközben
borsót pucoltunk,
vagy lementünk a lóitatóhoz,
hosszú, görbe tobozokat
gyűjtöttünk gyújtósnak.
Vártuk apámat.
Volt, hogy az ágynemű kinn maradt,
egy futó záporban megázott,
aztán gyorsan kiszárította a szél,
megint megázott,
megint megszáradt.
Néha csak alkonyattájt vettük észre,

SUNDAY MORNING

The whole village was at the mass
on the hilltop
only my father and I remained below.
He was reading the paper
or just propping up the gatepost.
He folded his arms across his chest
and turned off the radio if it was on.
We sat astride the bench doing our homework,
or polishing shoes,
or playing basketball.
It was Sunday morning, I think,
it rained all the time
useless weather for anything,
quite forgettable,
a time of endless boredom,
cut of the same cloth as my death.

Translated by George Szirtes

LIGHT BEDDING

We put the bedclothes out on the balcony
to let them air. The eiderdown pattern
was light-blue berries on a yellow ground,
mistletoe, perhaps, or bilberry,
the striped sheets red and white.
During the day
we were shelling peas
or went down to the horse-trough
gathering long twisted cones
to serve as kindling.
We were waiting for my father.
Sometimes the bedclothes were left outside
to soak in a sudden shower
but the wind quickly dried them,
then it rained again
and they dried again.
Sometimes it was dusk by the time we noticed them

ahogy mentünk hazafelé
a ferde fényben,
világító fűkalászok között.
Messziről odalátszott,
meg-megemelkedett,
úgy tűnt, valami motoszkál a huzatban,
pedig csak levegőzött.

FEHÉR TÖRZSŰ FÁK

És szólt anyám: ott fenn, a dombtetőn
a szép, ezüst törzsű fák mik, szerinted?
Nyírek? Platánok? Vagy csak a ködön

áttetsző ágak árnyéka legyintget?
Vagy lekenték, mert a nyúl belerágott,
mint mi, kisujjnyi meggyfa-törzseinket?

És szóltam én: se nyírek, se platánok.
Se köd, se napfény nem festette meg,
sem a kérgen megfreccsenő ecset.
Én fehér törzsű fát egyet se látok.

Vedd úgy: egy kerítés fogsora áll ott,
csak mást lát belőle szemem, szemed:
a tiéd fehér felhő-léceket,
az enyém az át nem látszó világot.

on our way home
in the slant light,
among luminous ears of grass.
They were visible a long way off
and kept stirring and rising
as though someone were searching them in the draught
but they were simply airing.

Translated by George Szirtes

TREES WITH WHITE TRUNKS

And mother said: those trees, up there, on the hilltop
with the lovely silver trunks, what do you think they are?
Birches? Sycamores? Is it just transparent

branches waving in the fog? Or have they been painted
over because rabbits have been nibbling them
as they did the wafer-thin trunks of our cherry-trees?

And I said: they are neither birches nor sycamores.
There is no fog, it is no trick of the sunlight,
nor has anyone been painting the bark over.
I can't see a single tree with a white trunk.

That, let us say, is a fence like a set of white teeth,
it's just that our eyes see something different,
yours see white slats of cloud,
mine a world that is nowhere transparent.

Translated by George Szirtes

ALTATÓ

Aludj. Több mint egy napja nem aludtál.
Nem használ se könyv, se kávé, se kártya.
A Kossuth Rádió se közvetít már –
    mindjárt éjjeli három.
Szemeden átlátszó, filmszerű hártya:
    közel az álom.

Aludj. Ernyedjen el ok, okozat,
és hegyárnyéknál sötétebb sötét
lepjen el tárgyakat, hézagokat.
A föld fölött csak egy pohár ezüstje látsszon,
amíg az ég felnyitja vérszemét
    vagy amíg tart az álom,

mert azt hiszem, tudom, mit hoz a reggel.
A kihörpölt kukák az aszfalthoz csapódnak,
aztán egy varjúraj, mint ócska vekker,
ébresztőt csörömpöl a tájon.
Agyad zsibbadtan jár: ez már a holnap
    vagy még az álom?

De télen a hajnal még éjszaka.
És ha a fagy foga alatt ropog a dér
– metélten kristálycukros dara –,
édes legyen neked az álom,
amíg a szeles utcán császkál egy falevél,
    túl a feltámadáson.

Aludj. Üres ruhád is szendereg.
Pár házra innen alszik nagymama,
és hortyognak az ügyeletesek
    a klinikákon.
Aludj – addig holnap marad a ma,
    amíg kitart az álom.

Habár a galambtetem színű hajnal
hamar küszöbünkre zuhan, habár
ezüstpapírba tekert, tompa zajjal,
habár az álom,
mint gázóra a hallban, kattogva körbejár,
    habár hajnali három.

LULLABY

Sleep now. For twenty-four hours you have been awake.
Books and coffee and cards, none of them any good.
Radio Kossuth is taking its midnight break –
it's three in the morning.
A film covers your eyes like the drawing down of a hood.
      You're almost dreaming.

Sleep now. Let cause and effect dissolve, let dark
be darker than the shadow of the hill
that shadows both object and gap, leaving no mark.
Let a cupful of silver be earth's only cover
until the sky wakes bold and fresh, until
      the dream is finally over,

because I think you know what morning will bring:
the smack of emptied dustbins in the dust,
rooks like a cheap alarm clock clattering
to wake the town.
Your mind feels numb. Is it morning or just
      the dream running on?

In winter though, the dawn still feels like night.
The teeth of a cold snap cracking on the frost
as if grinding white sugar at a steady bite
to ensure your dreams are sweet,
and a dead leaf beyond resurrection scuttles lost
      along the windy street.

Sleep on, like the clothes slumped on your chair.
See, granny is asleep not far away,
the night-staff at the clinic are snoring the same air
      like a proper team.
Sleep on: this day cannot become the next day,
      not while you dream.

Even though dawn drops dead on our doorstep
grey as a pigeon and early enough to fall;
although it arrives with a dull thud as if wrapped
in silver paper; although
the dream ticks over like the gas meter in the hall
      and it's three a.m. or so.

– Mert azt hiszem, tudom, mit hoz a reggel,
most már lefekhetsz. Most már egyedül
elbírok kettejükkel: lázzal, lázas gyerekkel.
Most már én boldogan kivárom,
amíg megnyugszik végre és lehűl,
    amíg beáll az álom.

A FEKETERIGÓ

A romlott káposztát anyám
– mivel utál ételt kidobni –
egy széthajtott újságpapíron

kitette az erkélyre. Tepsinyi
drapp káposzta a madáretető
alatt – állati tetem hűlt helyén

nyüzsgő férgek. Más minden eltűnt:
kenyérmorzsa, napraforgómag, alma...
A káposzta érintetlen maradt.

...Három perc alatt szétfürödték.
Hernyókból összetákolt
lábain, mint egy pocsolyában,

tapicskolt a hím feketerigó.
És itta is fürdője anyagát:
időnként ég felé emelte

fejét. Ilyenkor
alábbhagyott a drapp giliszták
repkedése. De csak egy pillanatra.

Hogy mosolygott-e vagy csak munka közben
nyílt szét a szája, mint egy delfiné –
sosem tudom meg. Egyszer a kőhöz fente csőrét.

Morning will come, no longer the unknown.
Lie down now. I am ready to placate
both fever and feverish child. I'll manage alone,
content to settle in
and wait for the child to sleep, for fever to abate,
    for dreams to begin.

Translated by George Szirtes

THE BLACKBIRD

My mother, on a spread-out paper –
because she can't stand binning food –
put out the rotten cabbage

on the balcony. A panful
of the stuff, bleaching under the bird-feeder –
a tangle of worms at the cold spot

of a carcass. Everything else disappeared:
breadcrumbs, apple, sunflower-seeds…
But the cabbage stayed untouched.

Until, a minute later, it was dive-riven.
The blackbird with his yellow bill,
on the worm-charms of his legs,

was splattering, making a puddle of it,
and drinking, too, the body of his bath:
every now and then he raised his head

towards the sky. And in those moments
the turbulence of the worm pool
died down. But only for a moment.

If he was smiling, or just breaking from his work,
the way a dolphin does, open mouthed –
I'll never know. He ground his bill, once, on the stone.

Egy csőr, egy szem, két láb. Közötte
roppant törékeny volt, de kompakt,
mint egy nála nagyobb madár tojása.

ZSARGONOK, AMIKET NEM BESZÉLÜNK

Ahogy annyiszor: hallgatni. Taktikázni.
Ha kérdeznek: "Mivel nyitsz?", visszanyelni
– nem, még nem a bort, még csak a választ:
"Valami muskotályost...?"
Kipróbálni grappát, cuvéet, juhfarkat,
a barrikolt borokat
– de aztán önfegyelem. Szendvicsközelben
maradni (ha jönnek, enni), csendben.
A régi jelzők – jó bor, finom bor, kellemes –:
mintha a kém anyanyelvén szitkozódna.
A szakszerűek pedig, mint *testes, lágy, savas,*
életveszélyesek annak,
aki ízt alig érez már, csak enyhe szédületet.

Marad: inni, magolni. A joker-szavakat.
Mint könyvet elolvasás helyett végiglapozni,
tervezni, hogy egyszer, legközelebb
– más társaságban, más falak között –
"*szép bor*" mondod majd, révedezve,
vagy bólogatva, elismerően emelve a fény felé:
"*Működik a dolog*".

Mindezt nem érdemes. Legközelebb,
más társaságban, más falak között
más nyelvet nem beszélsz majd. Kérdezik, kire
hasonlít. Föltartják, a fény felé.
Gügyögnek. Gőgicsél. Kis, gömbcsapágy-
csuklói körbeforognak. Akkor
hallgatni. Taktikázni. Visszanyelni:
"*Működik a dolog*".

A beak, an eye, two legs. And in between
was breakable, compact:
the egg of some bird bigger than himself.

Translated by Antony Dunn and Matthew Hollis

LANGUAGES WE DON'T SPEAK

As so often, choose silence. Choose tactics.
If you're asked: "What will you start with?", swallow
– no, not the wine yet, just the answer:
"Perhaps some muscatel...?"
Try *grappa*, *cuvée*, Bull's Blood,
les vins de barrique,
but then: self-discipline. Hang
around the sandwiches, eat if someone's coming, but in silence,
because the old adjectives – good, fine, exquisite –
are like a spy's curse on the language.
And the professional ones, like *full-bodied, tender, acidic*
are perilous for those
who don't feel taste any more, only a slight dizziness.

What you can do is drink, memorize. The trick words.
Like leafing through a book instead of reading it,
you can plan that one day, next time,
– in different company, between different walls –
"*nice wine*", you'll say, gazing into the distance,
or raising it to the light, you'll say:
"*This really works.*"

It's not worth doing. Next time,
in different company, between different walls,
there'll be another language you don't speak. What does he
take after, you'll be asked. He'll be raised to the light.
They'll coo. He'll gurgle. Small
wrists will turn. Then
choose silence. Choose tactics. Swallow.
"*This really works.*"

Translated by Anne Talvaz

KOMPOSZT

Nem szalma lesz a fűből.
Nyúlósan, nyálasan zsugorodik,
mint műanyag a tűzben.

Azután szürke lesz és kérges és tömör,
mint a pala vagy a müzliszelet. A kérgen
tojáshéj, elszáradt muskátli és

kávézacc. Esőben
gőzölög, mint a vacogó kutyák.
Ha belegondolsz: kertünk szégyene.

Mégis, ha megszerkesztenéd
az ingatlan súlypontját, kiderülne:
ott van, igen, ott, a sarokban –

nem sejtett epicentrum, néptelen,
betemetett fővárosunk,
sugárzóan, diadalittasan.

A NAGYOKOSOK

El sem téveszthetsz.
Mi szólunk rád, ha
vonaton dohányzol.

Két nap iskola
után otthon is
jelentkezünk.

Taxival visszük
vissza a boltba
a lejárt tejet.

COMPOST

Grass won't turn into straw.
It shrinks stickily, viscously,
like plastic in fire.

Then it will be grey and crusty and dense,
like slate or a muesli bar. On the crust
there's eggshell, withered geranium and

coffee grounds. When it rains
it steams like shivering dogs.
If you think about it, it's the disgrace of the garden.

But if you drew the estate's centre
of gravity, it would be
there, yes, over there, in the corner –

unsuspected epicentre,
our desert, buried capital,
radiating victoriously.

Translated by Anne Talvaz

THE BRIGHT BOYS

You can't really miss us.
We're the ones who tick you off
if you smoke on a train.

After two days at school
we put up our right hands
even at home.

We take a taxi
to return the sour milk
to the shop.

Tárgyak zsarnokai,
tárgyak rabszolgái,
vendégünk pohara

alá becsempészünk
egy söralátétet.
Mindig lebukunk.

Mi vagyunk, igen,
akik a WC-n
Rákosi-viccet

mesélnek. Mi vagyunk.
a huszadrendű
vádlottak, akikre

húsz évet sóznak
visszadumálásért.
Nem vagyunk hősök!

Ilyen a vérünk.
Félünk a csendtől.
Ezért kérdezünk

filozófia-
előadáson,
értekezleten,

éjféli találkán.
Enyhén pöszögünk.
Megtalálsz mindig:

bármilyen panasz-
könyvet megnézel,
ott a nevünk.

Tyrants of objects,
slaves of objects,
we quietly slip a beer mat

under our guests'
glasses.
We always get caught.

We're the ones, yes,
who tell Stalin jokes
in the lavatories. We

are the defendants,
twentieth-rate,
who get hard time,

twenty years,
for talking back.
We're not heroes!

It's just the way we are.
We're afraid of silence.
That's why we keep asking

in lifts,
or dentists' chairs,
TV repairmen,

on midnight dates.
We lisp a bit.
You can always find us:

wherever you open
a complaints book
our name is there.

Translated by Anne Talvaz

DÉLUTÁN

Fürdetik a kutyát. Lógó ingujjukat
Fogukkal ráncigálják a könyökük fölé.
Fél órát még fociznak, amíg lemegy a nap.
Elengedik a kormányt a lejtőn lefelé.

Zuhanyozás után melltartóban vasalnak.
Az ablakot kitárják, csattan a fémrugó.
Eldöntik, hogy lemennek a Balatonra holnap.
Lenyírják a füvet, és szól a rádió.

A kétpárevezősök villáit olajozzák.
Isznak egy üdítőt a híradó előtt.
Láda sörben fogadnak, hogy nem nyer Németország.
Tüzijátékra várva megszállják a tetőt.

Felhívják nagymamát, kisollóval kezükben.
Hosszan telefonálnak, alattuk nyírt köröm.
A terítőt kirázzák, egy kiskanál kiröppen.
Őrült, önpusztító alkonyati öröm.

INDULÁS

Indulhatunk. Bojler lecsapva.
Hűtő üres, komposzt elásva.
Beriglizve minden spaletta.
Fél nyolckor gyullad fel a lámpa.

Indulhatunk. Garázst bezártam.
Kishordó az eresz alatt.
A nyugágyak a kisszobában.
Marad a tuskó és a bak.

Indulhatunk. Notesz a zsebbe,
a laptop az ülés mögé.
A nagytáskát majd én teszem be.
Szemetet a szomszéd elé.

AFTERNOON

They give the dog a bath. Face twisted to a frown,
they pull their sleeves above their elbows with their teeth.
They play a bit of soccer, until the sun goes down.
They let go of the wheel as the road descends beneath.

They shower, then they iron, in just their underwear.
They open up the window. The hinges give a screech.
They give the lawn a mowing. The radio starts to blare.
They reckon that tomorrow they'll go check out the beach.

They have a few soft drinks before the evening news.
They oil the rowboat's hooks, in which the paddles go.
They bet a crate of beer that the German team will lose.
They occupy the roof to watch the firework show.

They phone their granny up, and give their nails a trimming.
As scissors dance through fingers, a long long chat is had.
The tablecloth gets shaken. A little spoon goes skimming.
The joy of early evening, auto-destructive, mad.

Translated by David Hill

SET TO GO

We're set to go. We've turned the heating off,
we've ditched the compost, locked the gate.
We've polished all we had to eat off,
pre-set the light to shine at eight.

We're set to go. Garage is locked.
Small keg beneath the water-course.
I've brought the deck-chairs in, but not
the chopping block, the sawing horse.

We're set to go. Got pad and pencil.
Got laptop next to driver's seat.
Filled all the bags. Packed each utensil.
Put out the dustbin on the street.

Indulhatunk. De még ne ásíts.
Negyed van. Elég jók vagyunk.
Ugye, majd mérünk légnyomást is?
Indulhatunk. Indulhatunk.

SZONETT

Én nem vagyok öreg. Csak kedvelek
egyedül lenni, üldögélni, várni,
időt húzni, sajnálom, hogyha már ki
kell dobni szennyes alsóingeket,

eléggé fölidegesítenek
a személyemet érintő baráti
jótanácsok, ragaszkodom, akármi
áron, az egyes bútorelemek

mindenkor épp adott állapotához,
örülök, ha helyettem más határoz,
néhány jobban induló mondatom
indokolatlanul abbahagyom.

We're set to go. But hey, look fresher!
Our time is good. Let's keep it so.
What say we quickly check the pressure?
We're set to go. We're set to go.

Translated by David Hill

SONNET

I'm not old. But I like to be alone,
to lounge around the house, procrastinate;
grow fond of aging undershirts, and hate
to throw them out, however soiled they've grown;

advice, delivered in a friendly tone,
by caring friends, can make me quite irate;
some items of my furniture, whose state
could be improved, I want left in their known

condition; and I never lift my voice
at times when someone has to make a choice;
some sentences of mine, which start out good,
I break off, and they're never understood.

Translated by David Hill

MÓNIKA   MESTERHÁZI

MÓNIKA MESTERHÁZI was born in 1967 and has a PhD in Modern English Literature. She works as a teacher of English and Hungarian and has extensive translation experience, having translated poetry by, among others, Simon Armitage, Elizabeth Bishop and Seamus Heaney, radio plays, fiction and non-fiction. She has published three volumes of poetry in Hungary and is published in the UK in the Winter 03 issue of *Poetry Wales*.

NEM MARADHATOK

Ha leülhetnék s csak egyetlen egy
pontján, akár a vasúti híd alatt
végignézhetném a Dunát –

Most április,
uszadék, kő, szemét, s a vízen szétterülve
lebeg a napban egy fűcsomó haja,
talán csak egyetlen pontot figyel,
a meder búvárvilágát.
És minden betoncsonkot gyík erez,
seholsevolt gyíkok isszák a fényt
és végtelenül
végtelenül ráérnek, amíg csak
megvan, amiért élni érdemes.

És én nem ülhetek le élni érdemes
helyekre, se végignézni nem tudom,
se megállítani múló dolgaim.

IDŐ ÉS TÉR
hommage a F. Á.

Nem tudnak verset
olvasni: nem olvassák
a fehér papírt.

TEGYÜK FÖL

Az életemet nem teszem föl
semmire. Először is, lehet, hogy
nem elég súlyos, akkor mi van?

ON THE MOVE

If, from this bridge say, from just one
place, I'd time enough
to watch the river pass –

April –
driftwood, breezeblocks, a riverbank's clutter;
a mop of grass hangs in the water
like a swimmer studying
the riverbed.
And on each rock, a vine of lizards
ripening in sunlight,
lazed, lazy with the world, as long as
they have whatever makes
life liveable.

And I can no more wait here
than measure the river
or the things that pass for life.

Translated by Matthew Hollis

TIME AND SPACE
to F. A.

They don't know how to
read poems: they fail to read
what's between the lines.

Translated by George Szirtes

ASSUMING

There's nothing I would offer up my life for.
In the first place it may well be
too light in the balance, and so what?

De lehet, hogy mégis súlya van,
fölteszem, és az egész mindenség
fölborul, áldozatostul. Azt hiszem,
az életem súlyát nem fogom
sem emelgetni, sem emlegetni többet.

TÖMEGVONZÁS

Nem ugyanarra jöttem haza.
Hogy mondjam el? Megváltozott
fényviszonyokra, üvegen szűrt fényre.
Lecsökkent gravitációra. Leesek,
de semmi, elpattanhatok.
A Hold tehetetlensége nagyobb,
mint a Föld vonzereje. Évente
három centit távolodik. Egy reggel
néhány milliárd év múlva
arra ébredünk, hogy elszállt.
Hát mit akarok én *állandóan*?

A NAPSÜTÉSBEN

feküdt, ahogy a madarak
nem szoktak
feküdni és csukott szemmel
nézett, hiszen magamtól
nem vettem észre,
nézett befele, engem,
mint – egy tudás.

But say it's possible, that it's not too light,
that I offer it up but bring the universe
down in the process. I think it best
not to harp on about the subject of my lightness,
to avoid pretension, to forget I mentioned it.

Translated by George Szirtes

GRAVITY

I've come home to a different place.
What can I say? Filtered by glass
the light has changed, light conditions have altered.
The gravitational force is weaker. I fall down,
so what, I can bounce back again.
The Moon's inertia exceeds the pull
of the Earth. It moves away at a rate
of three centimetres a year. One fine morning,
a few billion years from now,
we'll wake up to find that the Moon has flown.
So what am I after, constantly?

Translated by Peter Zollman

IN SUNLIGHT

it lay, the way birds
would never
lie, and with closed eyes
gazed at me, and since I hadn't
noticed it of my own accord,
its gaze absorbed me
like – knowledge

Translated by George Szirtes

HOMOKKŐ

1.

A homokkőben nincsen semmi tiszteletreméltó,
és szándékai sem világosak. Megkövült emlékeit
szétszórt darabokban őrzi, míg szét nem porlad
bármely nagyobb erő alatt. Árnyékot nem vet,
legfeljebb maga alá, amíg fölé nem omlik.
Ahol fejekre szétgurul, kivájt szemeivel,
homokba csápoló, önálló orrnyúlványaival
a képzeletnek talán, a testnek és a léleknek
kevés örömet ad. A merőleges napban, azt hiszem,
kimondhatom, ez nem szieszta-tájék.

2.

A homokkő, mint a költők agya, csupa
rejtélyesen összefüggő emlékdarab. Fosszíliákat
és csigát őriz, titkos zugaiban mindenfelé
az élet jelei vagy emlékei. Löszfalkorában
lila és sárga virágok növik tele, ha leszakad,
szikla-méretei, ha szétgurul, fintorgó
vigyora üzen a világnak a világról.
Kevesen tudják, hogy a tenger felől orrszarvú
a szikla, de rajta valódi madár lépeget.

VADGESZTENYE

A zsebemben van egy vadgesztenye.
Szorongatom. Tanul szorongani.
Meg kell tanulnom, mennyit bír a kérge:
Mindent nem rakhatok a gesztenyémre.

SANDSTONE

    1.

There is nothing respectable in sandstone,
and its intentions are far from clear. It retains its petrified
memories in scattered lumps, until it crumbles to dust
under some more powerful force. It casts no shadow
except underneath itself, until it collapses and buries that too.
When fractured into rolling heads, with hollow eye-sockets,
with independent proboscises probing in the sand,
it may gratify the imagination, but hardly
the body and the soul. In the perpendicular sun, I believe,
I dare say, this is no place for a siesta.

    2.

Like the brains of poets, sandstone is full of
mysteriously interlocking memories. It retains
fossils and shells, in its secret places there are signs
or memories of life, hiding everywhere. When forming a wall
it is overgrown with mauve and yellow flowers, when split into rocks
then their vastness when rolling apart, then those grimacing
grinning heads, send signals to the world about the world.
It's not common knowledge that, viewed from the sea, the rock is
a rhino, but the bird tiptoeing on its back is real.

Translated by Peter Zollman

WILD CHESTNUT

I carry a wild chestnut in my pocket.
I squeeze it hard. It learns how hearts are squeezed.
How much can chestnuts bear before they break?
There's only so much weight a shell can take.

Translated by George Szirtes

A SZÉL

Ha nem jár épp a szél
ha nem száll fel a pára
ha nem oldalról süt a nap
ha nincs alatta hullám
és nem ragyog a napban
hogyha nem kell sietni
ha nem szeptember van
és nem délután
ha nem változna az idő

volna örökre ez

NAPLÓ

Két ember beszél. Inkább a szemük.
Két csónak egymáshoz kiköt.
A másik városában idegen
nyelven beszél az egyik, társalognak.
Egyformán hullámzik a víz,
Egyformán ing a csónak.
Aztán a testük. Még idegenek.
Eloldódnak, szabad.
Többet nem látják egymást. Levelekben
esszékérdések, naplóválaszok.
A vízben külön-külön tükröződnek.

HOL NEM VOLT

A ráérősen nyújtózó eget
aláducolta mostanra a felhők
koszos, alkalmi rétege. Törik

WIND

If the wind stopped blowing
if the mist stopped rising
if the sun blazed less obliquely
if the waves beneath it
didn't catch the bright sunshine
if one could take it easy
if it were not September
and not an afternoon
if time could always stand still

I'd keep it so for ever

Translated by Peter Zollman

JOURNAL

Two people are talking. At least their eyes are.
Like two boats they're tied up to each other.
One is speaking a foreign language
in the city of the other, chatting away.
The waves are the same for both of them.
The boats are rocking to the same rhythm.
Later, their bodies. They are still strangers.
They melt away, they're free.
They never meet again. In their letters
questions about essays, answers from diaries.
The water showing quite distinct reflections.

Translated by George Szirtes

ONCE UPON A TIME

A stray shift of dirty cloud has drifted
over to prop up a length of sky lazily
stretching above it. The gaze accustomed

a távolságban otthonos tekintet,
a rövidlátó viszonyok között
végességét tanulja. Eltűnődsz,
mi fér egy napba. Mint egy utazás
végén, ha mindent vissza kell pakolni
a bőröndbe (ha egyszer benne volt)
– csak ki ne nyíljon – erőszakosan
záródik ránk az este. Csak a vágy
álmodja át magát felhőn, fedélen,
s a Hattyú szárnyán dél felé feszül.

SORS BONA

1.

Beágyazódnak, érnek, leszakadnak,
és egyet sem tarthatok meg soha,
hogy a hullámzásnak értelmet adjak,
nem lesz teremtés és nem lesz csoda,
amihez lennék csak az alkalom,
hogy alakítsa öntörvényeit –
rég elhatároztam, nem akarom,
hiába, hogy a döntés leterít.
Mert valami rossz parancs, nem tudom, mi
hibás üzenetet küld sejtjeimnek,
úgy döntöttem, velem fog megszakadni,
több packázást inkább nem örökítek.
Hogyan lehetne akkor gyerekem?
Tizenkét éve, hogy nem tervezem.

2.

Tizenkét éve, hogy nem tervezem,
tizennyolc éves voltam és lemondó,
szerelem kárán szerelemtelen –

to distances breaks against such myopic
barriers and discovers its limits. You wonder
how much a single day can accommodate.
It's like the end of a journey when we pack
our belongings into a bag (what fitted the suitcase
should fit it again) – watching the lid in case
it flies open – so evening closes on us
with a certain violence. Only desire can dream
itself through layers of clouds, the suitcase
on swan's wings, and flex its way to noon.

Translated by George Szirtes

SORS BONA

    1.

They cling, mature, become detached and go,
I cannot keep a single one in me
to justify this fateful ebb and flow.
No new creation, no new mystery
will choose me as a tool, to help it shape
its own unique selfhood-defining laws.
I was resolved, I wanted to escape,
and pay the awful ransom-price, because
my cells receive freak signals from my brain
– a wrong command, a flaw in the design? –
so I decided, I must break the chain
and stop this nonsense now, end of the line.
It was a new life I had to prevent:
For twelve long years I've planned this non-event.

    2.

For twelve long years I've planned this non-event.
An eighteen-year-old girl, I was resigned:
Love will be loveless, abstract, abstinent.

Mibe került nekem néhány nemes szó?
Mibe? Évekbe. Néma gesztusok.
Negatív cél veszélyes pátosza,
láthatatlan jelekből olvasott
bizonyság, ösztön helyébe kusza
bizonytalanság, hiszen amiről
akkor lemondtam, mások épp tanulták
kivédeni, ha siettek. S mitől
vonatkozott volna ránk egy valóság?
Az enyém elállta az örömet,
tabu volt, érzéstelen terület.

3.

Ahogy a tájat a hegyek elállják:
úgy volt ez valóság. Görcsbe kötött
(jobban, mint bármikor) a tudatosság.
Egyben képzeltem az egész jövőt.
Nem romlott, nem is élt: nem volt a testem,
elfedte a tiltás, hogy nem akart
anya lenni a kamaszlány. De közben
a fiatal nő majdnem kimaradt.
Hol ez a tizennyolcéves gyerek,
ez a szigorú erkölcsi magaslat?
Nem vállalom? Akkor meg hogy merek
a sorsán gúnyolódni? Okosabbnak
kell lennem. Innen kell megérteni.
Úgysem tudok rajta segíteni.

4.

Minden sejtem tanulja, ki vagyok.
Hasítsam szét magam, hogy jobban értsem?
Fáj egyáltalán? Valami nagyobb
nyomás szorongat, hogy erről beszéltem?
Régebben figyelemért mondtam el,
lám az én életemnek súlya van –
Ma olyan kevés ember érdekel.

These noble words were of the costly kind.
The cost? My years. The life I had to live:
false certainties and silenced sentiments,
dangerous passion for a negative,
banned instincts, tangled up self-confidence.
When I decided to renounce my claim,
others, in haste, just started to discuss
and face the facts. But then, why should the *same*
reality apply to all of us?
My own obscured my way to happiness,
it was taboo-land, dark and feelingless.

3.

Reality was like a view obscured
by rising mountains. I was paralysed
by consciousness (the worst I have endured).
All future was one whole, before my eyes.
My body wasn't sick: it ceased to be
as soon as the teenager said, she would
not have a child. But in the meantime she,
the woman, nearly missed her womanhood.
And where is now this eighteen-year-old child?
Her high, uncompromising moral ground?
I wash my hands? How dare I then deride
her fate? I must be wiser, more profound
and see her from this new point of view.
But anyhow, there's nothing I can do.

4.

I'm studying my own self, cell by cell.
Shall I dissect myself to find out more?
What pain, what higher pressure may compel
me now to tell this, as never before?
I used to speak of it to seek attention,
to prove my life does carry certain weight,
but now there are so few people to mention

És nehezítem, hogyha súlytalan –
Ezzel is. Hiszen a genetikát
ki lehet kerülni. Nem fogadunk
örökbe talán macskát, kiskutyát?
Mért ne gyereket? Én vagyok a gond:
mire alapoznám, körülbelül?
(Mi tart meg mégis a körön belül?)

5.

Hogy került ez elő, mikor már röpköd,
már védtelen arcomba csapja szárnyát
a koszos galamb, és ha nem nyöszörgök,
a tudat nem szakítja át az álmot?
Hogy került ez elő, mi dőlne merre,
most még vigyázhatok, vagy múlik el
valami végleg, merre vagy semerre?
Vagy jóra fordul, csak szerencse fel?
Szüzességét elvesztette, hogyan
folytatható ez: *aztán visszament,
és megtalálta*? Visszavonhatom,
amit leírtam? Visszavonhatom
az álmokat? A múlttal a jelent?
Hányszor harminc évem van? Hány utam?

who interest me. And why aggravate
one's life, if it lacks gravitas? Indeed,
genetics can be side-stepped. If we may
adopt young puppies, kittens, every breed,
then why not children? I stand in the way:
Is there a way round? What's it all about?
(What makes me cling on to this roundabout?)

   5.

What is this creature? It gives me a start,
my naked face is battered by its wing.
Would consciousness have torn my dream apart,
if first I hadn't started whimpering?
Why, messy pigeon? Shall I still beware,
or will now something definitely lapse
away to nowhere, somewhere, anywhere?
Or keep hoping for better luck, perhaps?
She lost her virginity, what more
is there to say: *returning to the scene
she found it*? Can I possibly withdraw
what I have dreamt? What I have written? Any
trace of the past, the present, all that's been?
Have I more thirty years? More life-ways? How many?

Translated by Peter Zollman

KRISZTINA TÓTH

KRISZTINA TÓTH is one of the most highly-acclaimed Hungarian poets. She is the winner of several awards, including the Graves Prize (1996), Déry Tibor Prize (1996), József Attila Prize (2000) and her poetry has been translated into many languages.

Her poems have strong connections with different Hungarian and European poetic traditions (she translates French poetry), their trademark being a subtle combination of strong visual elements, intellectual reflection and a very empathic, yet often ironic concern for everyday scenes, conflicts and people. Since the publication of her first collection of short stories in 2006 she has been listed amongst the best contemporary writers of Central Europe.

Krisztina Tóth lives in Budapest where, apart from writing and translating poetry, she designs and produces stained glass windows. She was recently awarded the Laureate Prize, one of the highest recognitions in Hungarian literature.

www.tothkrisztina.hu

HAVAK ÉVE

I

Ahogy gyerekkoromból is a lakás üregei rémlenek fel a sátrak.
Terítők függönyök camera obscurái fényporos titokteli fedezéke.
Arra hasonlít ez mikor felidézem a nevetésed a fogaidat a szádat.
Hangok előszobája volt megsüketít gondolnom arra az évre.

Suttogó ruhák éve volt a hóé koraesti vak fellegekkel.
Rövid karácsonyé lecsukott szemü lucskos év volt.
A testé léleké feküdtem biztos voltam hogy nem kelek fel.
Bordó takaró éve volt recés üvegen sárga fényfolt.

Napja világított annak ki a sötétet nőni látta.
Azt akartam hogy hallj meg hogy meghalj egyszer azt is akartam.
Csövek beszéde volt tapéta arca fények ágya.
Forgószél éjszakáján hajjal kibélelt hosszú katlan.

Meztelenül álltál a lépcsőházban ajtóban zuhany alatt a liftben.
Sírás és rohanás éve volt kigombolt kabáté huzatos nagy lakásé.
Azt hittem nem tudom lehet hogy tudtam és csak sose hittem.
A havak éve volt fehér úttalan úté semmi másé.

II

Mint a kamaszkor ténfergései végtelen hólepte délutánok.
Csöndje az átaludt rend bútorai a szürkületben.
Éjjeli havazás kéklő halmai közt az árok.
Ahogy a hold kering égő reflektorarc a testben.

Keserű nedvek vándorolnak céltalanul hiába.
Mondtad úgyis a lélek örök monológja.
Minden szerelem képzelt beszéd a hang hiánya.
Mikor egy kihűlt lángnyelv szavait visszamondja.

Olyan régen esett meg minden a lépcsők geometriája.
Idegen kert nyikorgó fái között a szelek malma.
Kipirult hajlongó test salakos üres tornapálya.

THE YEAR OF SNOWS

I

The way I still picture my childhood hiding-places tents around
                                                                           the house.
The *camera obscura* of curtain or table-cloth bolt-holes drifted with
                                                                   light and secret things.
Is something like the way I fixed your laugh your teeth your mouth.
The echo-chamber of that year to unlock it now is deafening.
That year of whispering clothes of snow of blind clouds at the
                                                                        folding-in of day.
Of a short Christmas it was a slushing year with eyes shut.
Of the body of the soul I lay sure I'd never rise from where I lay.
The year of the purple bedspread the motley glass its yellow smear
                                                                              of light.
Shining like a sun for one who watched the darkness pinch it out.
I wanted you to hear me and once once I wished you dead and gone.
It was the mumble of the pipes the face of wallpaper the bed of lights.
The long throats of the plumbing gagged with hair along.
You were naked in the stairwell in the shower in the lift.
It was the year of tears of unbuttoned rush in that vast draughted
                                                                                house.
I thought I don't know perhaps I knew but never quite believed.
It was the year of snows of white untrodden paths and nothing else.

II

The way the teenage me would circle endless afternoons of snow.
The silences the sleeping the furniture of dusk.
The fault-lines in the drifts of snow its midnight blue.
The way the moon spun a searchlight face bright in the body-dark.
Is something like the way the bitter useless juices come around and
                                                                               go around.
It's just the soul its endless talking to itself you said.
Every love a dream of speech the nothing-there of sound.
When it repeats the words of a tongue of flame gone dead.
It happened long ago all of it the geometry of stairs.
The machinery of wind through a strange garden's keening trees.
A body bent and posted flushed in empty playing fields of air.
Stands in the open wheels and wheels where no one sees.

Közepén áll és láthatatlan kerekét hajtja hajtja.
Az időnek mi dolga volt velünk micsoda év volt jézusom.
Hosszú fagyoké sálé pilláké hallgatásé.
Feleltem nem hiszem mostanra meg már nem tudom.
A havak éve volt fehér úttalan úté semmi másé.

III

Csöndben sötétben fekve ülve várva aludva éveket.
Éltem mintha a hó alatt mint egy lavinalepte házban.
Távoli szobák lámpaláza idegen arcok villanya égetett.
Mind ami nem vagyok álmoktól kongó üvegtest volt a házam.

Függönyök jégzajlásakor lehető sorsok tükre minden este.
Kigyúló ablak ahogy mozdulnak úsznak a falakon és szobákon.
Át a parkon az olvadó föld a zápor színeivel elkeverve.
Jön a sötét megül a padon kukán a tetőn úton a kavicságyon.

Hány éve már hogy itt lakom ezt láttam mindig minden ablakomból.
A felhős varjúfoltos a tiszta dermedt vizü a fodros égen.
Gyerekkoromból gerlehang a szürkületbe hogy szól.
Balkon ködkürtje volt idáig hallom nem is értem.

Honnan fúj az idő mikor volt az hogy telni kezdett.
Fogyni kihűlni arc téli holdé szerelmesé baráté.
Hogy volt előtte is befelé néző vaksi kezdet.
A havak éve volt fehér úttalan úté semmi másé.

KÍSÉRLET

A vatta alatt kicsírázott a bab
és kicsapódott a spárgán a cukor.
Nagyító alatt láttam a petúnia lelkét
és reggelig forgott a gombostűn a lepke.

What did time want with us oh what a year it was and oh.
Of long frosts of scarves of eyelashes silence.
I replied I don't believe and now now I don't know.
It was the year of snows of white untrodden paths and nothing else.

III

In silence in darkness lying sitting waiting sleeping for ages.
I lived as if under snow as if the house were avalanched in snow.
I was fevered by the far-off rooms of lamps by far-off faces.
Everything that I am not my home a body of glass of dreams
                                                                                  their echo.
Of everybody's possible end mirrored in the ice-floe curtain.
The windows flare they move and flow across the walls and rooms.
Across the park the melting ground is smeared with all the
                                                                            colours of rain.
Darkness settles on bench and trash-can road and gravel-bed
                                                                                and roof.
How many years since I lived here from every window this is what I saw.
In the cloudy frozen fluffy sky all clear all speckled with crows.
The childhood coo of turtle-doves and how it comes at sundown
                                                                              as before.
The foghorn of the balcony how I can hear it here I do not know.
Where the time blows when did winter's pass begin.
The wax and wane of the winter moon of a friend's face of a lover's face.
That there was something else before that snow-blind start that
                                                                              folding-in.

Translated by Antony Dunn

THE EXPERIMENT

As a child, I saw the beans sprout
beneath cotton wool, sugar stick to the thread,
the petunia's heart grown big under glass,
the butterfly spin on its pin all night...

Nehéz volt akkor petúniát szerezni.
Egy óriási lakótelepen laktunk,
a közért előtt a kőedényben
volt néhány – én a fehéret választottam.

Kinőtt aztán, pedig tövig levágtam:
ettem szempillát, szilvamagot meg körmöt.
A sebről a vart lekapartam, kemény volt,
mintha sós földet kéne szétharapni.

Többféle ruhát néztünk az esküvőre,
mindegyik tetszett, de a fehéret választottam.
Reggelig forgott egy gyerek a hasamban,
de nem bírtam a gombostűt kihúzni.

Amíg ezt meg nem eszed, föl nem állsz.
Vedd észre magad. Nézz tükörbe.
Ne a szád járjon, a kezed.
Sötétben is lehet enni.

Könnyű volt akkor petúniát szerezni,
be is ültettem májusban a kertet.
Babszemnyi jegek kezdtek hullni, nyár lett,
és esik, esik, nem akar elállni.

A SZERETET TERMÉSZETÉRŐL

Gyanakvással figyeld a húnyt szemet!
Kotyog a jég alatt a víz, az álom
statisztákat vezényel és a szájon
kilép-belép a légnemű menet,

szavak, mik visszajárnak, éveket
kottázó utcatáblák, éjszakákon
átkanyargó buszok, vetetlen ágyon
reflektor húz vakító fényjelet –

Hard to get petunias then.
We lived in a towerblock.
In front of the shop, in a stone pot
I found some. Picked out the white one,

and it grew again, though I'd cut it right off –
I ate eyelashes, plum stones, nails.
I pulled off the scab. It was tough, it was as though
I had to chew granular earth.

Years later, I shopped for my wedding.
Liked lots. Picked out the white one.
Felt the child spin in my belly all night,
and I couldn't get out the pin.

If you won't eat, you can't leave the table.
Look at yourself. Look at yourself.
You shouldn't speak, you should work.
It's easy to eat in the dark.

Easy getting petunias then.
I planted the garden in May,
and the hailstones fell big as beans.
But it rains now. It only rains.

Translated by Clare Pollard

ON THE NATURE OF LOVE

Harbour suspicions as you watch closed eyes.
The water glugs beneath the ice, extras
act out the dream, and through the mouth's entrance /
exit an aerial procession slides;

recurring words, years reckoned in street signs,
buses that go zigzagging eastwards-westwards
across the nights, and on disordered bedclothes
the blinding signals drawn by motorist's lights...

nem voltál itt, és nemsokára emlék
lesz majd az is, hogy itt fekszel, kegyetlen
kíváncsisággal vallasd hát a nemrég

saját kezedként mozduló kezet: nem
tudhatod, kié a függönyárnyék
rácsozta test, az ismeretlen.

A FÁJDALOM TERMÉSZETÉRŐL

Mely lényegében földeríthetetlen.
Van, aki meg se szólal, báva
szemmel figyel és dől előre-hátra,
belső ritmus szerint. Vagy jobb esetben

feláll, feldönt egy széket és esetlen
léptekkel kimegy, nem is nézve hátra,
csak fojtva, gondolatban, és a háta
sokáig vibrál még a képkeretben,

nem kér tüzet, nem gyújtja fel magát, merész
ötlete nem támad a síneken,
megy át a hídon, éppen csak lenéz –

– mit kellett volna tennem? Rezzenéstelen
arccal táskámba nyúlni és
rád lőni, mint a filmeken?

...You've not been here. You lie here now, but that is
soon to be just a recollection. Therefore
intensively interrogate the hand which

recently moved as yours: you cannot ever
be sure who owns the body lying latticed
by shadows from the drapes, the stranger.

Translated by David Hill

ON THE NATURE OF PAIN

Which, fundamentally, cannot be fathomed.
Some don't say anything, but – in a bad case –
just stare dementedly while rocking that way
and this way to an inner rhythm;

while others stand up, knock a chair, and leave un-
steadily, they don't turn around (in fact they
do, but not physically), and just their back stays,
caught in the picture frame, long after quivering;

they don't ask for a light, ignite themselves, nor plan
some daring feat involving rope and rails;
they walk across the bridge and just look down...

...How should I have reacted? Glacially still,
reached down into my bag and drawn
a gun on you, like in the films?

Translated by David Hill

ELLENTÉTES IRÁNYÚ METRÓK

Neked most jó lehet:
Nem görgetsz tovább, rágatlan falatot,
Alamuszi képpel a szádban,
amíg a felnőttek esznek: te vagy az angyal.
Este, ha épp a gyerekedet fürösztöd,
nem csöng bele a telefon:
máskor se csöng, te persze hívsz azért,
egyenletes szúrás az éjszakában.
Nem futunk össze a buszon se,
a véletlenek gyönyörű
összjátékának vége most, a kormozott ég
mögött vonul tovább a pillanat,
és nem lobban ki majd a délelőtt, ha
a dupla üvegajtó elé nem akasztod
üggyel-bajjal a bordó takarót fel.
(Ott hagytam, töksötét van.)
A vers címét köszönöm különben:
jelentkezem majd én is. Ott leszek
a naptáradban, névtelen nyolcadik nap,
nem tartozik és nem tart sehová.

DOSSZIÉ

Nem fájt? Figyelsz egyáltalán?
Nem figyeltem. Néztem hanyatt a kanapén, hogy
süt át a fény a színes karikákon:
mint egy templomban, sárga, kék, piros
ólomüveg: lakásban ilyet sose láttam.
Sietni kellett, ötre jött az anyja.
Letolt gatyában ugrált ki utánam,
a kádban guggoltam, ő a csaphoz állt.
Szerintem is klassz. Reggelenként a legszebb.

Tizenhat voltam, eltelt még tizenhat,
mellettem állt a piros hetesen:

METRO TRAINS IN CONTRARY DIRECTIONS

You've got a good life now:
no more looking suspicious, rolling me round
inside your mouth, an unchewed morsel,
while all the grown-ups eat: now you're an angel.
The telephone won't interrupt you just when you're
giving your child an evening bath,
or any time, though you'll of course call me –
those steadily repeating stabs round midnight.
Nor will we meet by chance on buses:
the lovely serendipity of strange occurrences is past, behind the smog-
filled sky the split-seconds will just move on;
you won't have extinguished the morning if
you don't go to the everyday bother of
draping the dark-red quilt over the glass door.
(I've left it there, it's pitch dark.)
Oh yeah – thanks for the title to the verse:
I'll be in touch as well, I will be there
in your engagement book, an eighth day with no name,
no business there and nowhere much to go.

Translated by David Hill

FILE

"Hey, did it hurt? Hey, did you hear?"
I didn't. Lying back upon the couch, I gazed at
the coloured circles gleaming with the back-light:
like a church window, yellow, blue and red
stained glass: something I'd never seen in an apartment.
We had to rush – by five his mum was coming.
He hopped behind me, pants around his ankles.
I squatted in the bath; he stood at the tap.
Yeah, I love it too. The morning's when it's nicest.

I was just sixteen, sixteen more years elapsed,
Then, on bus seven one day, there he was.

...az ólomüveg, tudod, az ebédlő
és a nappali közt, azt ugye meghagytátok?
...dehogy hagytuk. Azt még apám csinálta,
színes dossziék a két ablak között,
a vállalattól hozta haza őket...
...én most leszállok, metróval megyek.

Mért vesztik mindig fényüket a csodák.
Mikulás. Gólya. Most meg ez.

REMÍZ

I

Mégis mit hittél, meddig tarthat ez még?
Tolassunk vissza, egyirányú utca.
Kezében sapka, toporog a vendég,
pedig hajnal van, menni kéne, tudja,
pont olyan ez, a nejlonszínű ködbe
belealszik a fényszóró, helyette
a cigaretta ég, leszáll a földre
a hallgatás és rádermed (szeretsz-e),
(hülye vagy teljesen), rossz helyen állok,
semmi nem jár az éjszakai hóban,
az ablaktörlő elakad (kiszállok),
nem kéne, mondja, elsietni (jól van),
a járda mellett egy kiálló faágra
kesztyű húzva, valaki elveszthette.
Mintha egy fagyhalott zongorázna.
Kirázod, fölhúzod a fél kezedre.

II

Valaki épp csak hazaért, ledobta
az előszobában a hátizsákot

"The stained glass thing between the dining room and
the sitting room, you know? I guess you guys kept that up?"
"Be serious. That was just something Dad made.
He brought some coloured files home from the office
and put them in between the double windows...
...I get off here and take the metro. Cheers!"

Why do all wonders have to be exploded?
Santa Claus. Storks. And now comes this.

Translated by David Hill

TRAM DEPOT

    I

Just how long did you think this could last?
Back up, it's a one-way street.
Cap in hand, the drunkard sways,
it's dawn, he knows he has to leave,
just like that, into the nylon-coloured mist
the drowsy headlights, instead of which
the cigarette burns, to the ground drifts,
silence, and growing numb (do you love me still),
(you absolute idiot), I shouldn't be here,
nothing moves in the evening snow,
the windscreen wiper jams (I leave the car),
no need, he says, to rush (that's fine by me),
next to the pavement a glove, maybe someone lost it,

stretched onto a jutting tree-branch.
Like a frozen corpse playing the piano.
You shake it off, pull it halfway onto your hand.

    II

Someone just returned home, threw down
the backpack in the front hall

és gémberedett bal kezébe fogta
a jobbkezes kesztyűjét: hiányod
valahogy azt sugallta, nem vagy messze-
– ha visszafordult volna, megtalálja:
ott volt a ház előtt a hóba esve,
fönt a kisszekrény lapján meg a párja.
Évekig tőled száz méterre éltem,
behallatszott a véletlen zenéje
a szellőzőnkön. Néztem éjjelente
a hóesésbe, utcalámpa-fénybe,
lehet, hogy láttalak is: annyi arcot
forgat az álom át, míg azt az egyet
sodródó részeivel összealszod,
hogy aztán fölébredve elfelejtsed:

III

Két ember áll egy fűtetlen szobában,
hullik a hó és világít a csillár.
Az egyik én leszek, hogy jobban lássam
ki a másik, aki kabátban itt áll-
tudom pedig, hogy miért jött, egyízben
már elszakadt itt a film a vetítőben:
Villamosok az éjjeli remízben,
akkor a falnak dőlt és nekidőltem...
...egy percek óta vijjogó riasztó
álomi hátterére rárakódva
lüktet valami, nyitva ablak-ajtó,
fázik és fölébred a fájdalomra,
hogy a feje alatt egy élő kesztyű
alszik vértelenül és nem is érez:
akkor kié, mihez legyen e test hű,
hogyha részként sincs köze az egészhez.

and clutching in the left hand, numb with cold,
the right-hand glove: you weren't far off
your absence whispered to me somehow –

– if he'd turned around, he would have found it:
there it was, in front of the house, fallen into the snow,
there on top of the small cupboard was its mate.
For years I lived only a hundred metres away,
the accidental music could be heard
in our airshaft. At midnight I would gaze
into the falling snow, the streetlamps' light,
maybe I saw you too there: so many faces
turning through dreams, until that one
with its twisting details in your troubled sleep,
so that upon awakening you will forget:

III

Two people stand in an unheated room,
the snow is falling and the chandelier gleams.
Let one of them be myself, so I might better see
who the other, standing in a coat, might be –

I know, however, why he came
for the film has broken off in one frame:

Trams in the Midnight Depot,
then he leant against the wall and I against him...
...a few minutes ago a piercing siren
encrusted onto the dreamlike background
something throbbing, door or window opening,
freezing, awakening to the pain

that underneath his head is a living glove
sleeping bloodless and insensible:
to whom it belongs, to whom this body is true,
if as a detail it is lost to the whole.

Translated by Ottilie Mulzet

KELET-EURÓPAI TRIPTICHON

I

Nevünket mondja a hangosbemondó
és mi felpattanunk. Nevünket
rosszul írják és rosszul ejtik,
de mi készségesen mosolygunk.
A szállodákból elhozzuk a szappant,
az állomásra túl korán megyünk.
Nehéz bőrönddel, bő nadrágban
mindenütt ténfereg egy honfitársunk.
Velünk mennek a vonatok rossz irányba,
és ha fizetünk, szétgurul az apró.

Határainkon félünk, azokon túl
eltévedünk, de felismerjük egymást.
Felismerjük a világ túlfelén is
a lámpaláztól átizzadt ruhát.
Alattunk áll meg a mozgólépcső, szakad le
a teli szatyrok füle, és mikor
távozunk, megszólal a riasztó.
Bőrünk alatt, mint egy sugárzó ékszer
ott a bűntudat mikrochipje.

II

Tudom, hol laksz, ismerem azt a várost.
Ismerem azt a fekete vízesést.
Anyád a tetőre járt napozni,
nyáron a bányatóban fürödtetek.
Ismerem azt a láb nélküli embert
aki a kapualjban lakik,
ismerem azt az országot, ismerem
vonatait, sírását, klór egét,
savas esőit, lassú havazását,
túlöltöztetett, sápadt csecsemőit.

Tudom, hol laksz. Hiába élsz akárhol,
csonkolt akácok szegélyezte út
kísér álmodban, hogyha hazagondolsz.

EAST-EUROPE TRIPTYCH

I

The loudspeaker calls out our names
and we jump up. Our names are
misspelled and mispronounced,
but we smile graciously.
We take the soap from the hotel,
and arrive too early at the station.
With heavy suitcases, in baggy trousers,
everywhere one of our compatriots loitering.
The trains go with us in the wrong directions,
and if we pay, the small change rolls everywhere.

At our borders we're afraid, and beyond that
we get lost, but recognize each other.
We know the other side of the world,
the sweat-drenched clothes beneath the coat.
Below us stands the escalator, the handle
of the shopping bag filled to bursting rips, and when
we leave, the alarm goes off.
Beneath our skin, like a radiating jewel,
is the microchip of a guilty conscience.

II

I know where you live, I know that city well.
I know that black rainfall.
Your mother used to sunbathe on the roof,
in the summer you swam in the quarry lake.
I know that man, his legs amputated,
who lives in the entrance-way.
I know that country, I know
its trains, its cries, its chlorine heavens,
its acid rains, its lingering snowfalls,
its pale overly-swaddled infants.

I know where you live. No matter where it is,
if you happen to think of home, the road bordered
with the stumps of acacia trees
haunts you in your dreams.

Ünnep múltán, mikor mint túl nehéz
halottat, lábánál fogva vonszolják a fát,
megállsz, nézed, ahogy többihez lökik.
Tudom, mit látsz. Emberi testek kusza halmát
kinyújtott, sárga karjukon egy-egy
ottfelejtett ékszerrel: kék-arany
kifosztott szaloncukorpapírral.

III

A nevem Alina Moldova.
Kelet-Európából jöttem,
magasságom 170 centiméter,
várható életkorom 56 év.
Fogaimban amalgámtömést,
szívemben öröklött szorongást hordok.
Angolomat nem értik,
franciámat nem értik,
akcentus nélkül
csak a félelem nyelvét beszélem.

A nevem Alina Moldova.
Szívbillentyűm őrizetlen sorompó,
ereimben mérgek keringnek,
várható életkorom 56 év.
Tíz éves fiamat elbírom,
szerzek lisztet, mozgó vonatra szállok.
Megüthetsz, rázogathatsz,
csak a fülbevalóm zörög,
mint levált alkatrész
a még forgó motorban.

During the feast, when they drag in
the tree, like a dead man, too heavy, grabbing at the foot,
you stop and look, as it is cast out to the others.
I know what you see: the dishevelled heap of human bodies,
on every one of their extended yellow hands
a forgotten jewel: plundered
blue and gold Christmas-candy wrappers.

III

My name is Alina Moldova.
I come from Eastern Europe,
I am 170 centimetres in height,
my life expectancy is 56 years.
I have amalgam fillings in my teeth,
in my heart I carry an inherited dread.
When I speak English, no one understands me,
when I speak French, no one understands me,
it is only the language of fear
that I speak without an accent.

My name is Alina Moldova.
My heart valves are an unmanned rail-crossing,
poisons circulate within my veins,
my life expectancy is 56 years.
I support my ten-year-old son,
I get hold of some flour, step onto moving trains.
You can hit me, you can shake me,
but my earring only jangles a little,
like a loosened part
in a motor still running.

Translated by Ottilie Mulzet

KUTYA

Fekete földrögnek tűnt, az olvadáskor
hegyoldalról leomlott hókupacnak.
Sötétedett, nem látszott más a tájból,
csak ónos földek, párás volt az ablak,
ahogy közeledtünk, úgy tűnt, mintha mozogna,
mintha egy kabát emelgetné a karját:
egy árnyékstoppos az útszélre dobva,
amin fényszórók tekintete hajt át.
Hol felvillant, hol eltűnt, de a sorban
odaérve mindenki kerülőt tett,
nézni kezdtem az útpadkát, hogy hol van,
és egyszer csak ott volt. Mint egy merülő test,
a mellső két láb támaszkodott a sárban,
mintha indulna, orrát a szélbe tartva,
a felső rész figyelt. De mögötte, láttam,
péppé roncsolva terült szét az alja.
A véres szőrből kiálló hátsó lába
egyenletes, kínos ütemre rángott,
ült a fél kutya, nyitva volt a szája,
és láttam a szemén, hogy mindent látott.
Kiabáltam, hogy állj meg, húzódj félre,
könyörögtem, hogy mentsd meg, üsd el, bármi,
vagy legyen mögöttünk már valaki végre,
aki ráhajt. De hát mit kell csinálni?!
Mit kell csinálni? – emelted föl a hangod,
mit akarsz tőlem?! Mégis, mit akarsz tőlem?
Azt akartam, hogy állj meg, és ne hagyd ott,
ha megtaláltad, vagy vedd fel, vagy öld meg.
Egész héten ott volt a kutya köztünk.
Arra gondoltunk, jobb volna mégis otthon.
Mintha mi volnánk, akik az útra löktük,
és szavakkal kéne kerülgetni folyton.
De mégse tudtam nem akarni, hogy este
fölém hajolj: feszülő karodat néztem,
próbáltam nem gondolni a testre,
ahogy ott támaszkodik az árokszélen,
arra az ütemes mozgásra, miközben
a szemed a távolba néz és nem felel,
hogy mennyi, mennyi ádáz lemondás
van abban is, ahogy szeretkezel,
ahogy azt kérdezed, mégis, mit akarsz tőlem,

DOG

It seemed no more than a clump of earth in the thaw,
a snowball that had rolled down a steep slope.
The day was darkening, nothing to see at all
just fields like tin, the windscreen part steamed up,
but as we neared it seemed vaguely to shift
like a heavy coat raising a loose sleeve,
a ditched hitchhiker's shade thumbing a lift
in the brief glare, in that ever-dazzling weave
of lights: there one moment, gone the next. Each car
in the queue steered well clear of the thing
but I looked out for it on the hard verge
and suddenly there it was. It was propping
itself up on its legs, the nearside legs in sludge
as if about to run, its nose held to the air,
its upper part quite stiff. Passing it I saw
its lower half, wrecked to a pulp. And there,
from its blood-clotted coat, stuck its back leg
that, to a regular, agonising pulse, kept kicking;
mouth wide open, it sat there, a half-dog
though I could tell from its eyes that it saw everything.
I cried out, Stop! Draw up at the side
of the road. I begged you to save it or kill it now,
anything, let the cars behind us provide
an ending. But what can I do? What? Just how
should I end it? And so your voice grew sharp.
What do you want of me? What is it you want? Tell me!
I wanted you not to leave it, I wanted you to stop.
Once you found it you should look after it or kill it.
A week we tended the dog, because we thought
at least it's better off home with us giving it attention,
as if it were we ourselves who had hit it and left it out
in the road, a fact we had somehow not to mention.
But I could still not help wanting you wrapped
about me at night: I watched your muscular arm,
trying not to think of the body that lay propped
in the roadside ditch, of the leg beating like a drum
while your eyes were focused somewhere far away
but did not answer; about the constant fury
and resignation involved even in love-making, and the way
you asked me just what it was that I wanted you to do,
striking the steering wheel over and over again,

miközben ütöd a kormányt és rám se nézel,
és látni a vállad mögött a szitáló esőben
ázó tájat a véres, téli éggel.

AZ EGÉRRŐL
Beney Zsuzsának

A költő könyvében, aki már nem él,
a vers mellett, melyben egy nőről ír,
aki nem él már, mint egy sárvirág
megőrződött a macskám lábnyoma:

odalopódzott mindig, mert nagyon
izgatta őt a lapok közti rés,
várta, hogy egyszer kijön az egér,
(régen elveszett az a macska is),

és tényleg, ott a papíralagút
mélyén valami folyton imbolyog:
elteszünk ezt-azt a lapok közé,
lepréselni a véletleneket.

TÉRKÉP

Megint túlmentünk, jobbra kellett
volna letérni, sose tudtam
a jó irányt, hisz álmodtam, tudod,
hogy mint a porszívóba tévedt hangya, jártam
egyedül
csak a fény
mutatta messze, jobbra kellett

and not once looking directly at me, while I
watched as beyond your shoulder rain beat down,
soaking fields under the bloodshot winter sky.

Translated by George Szirtes

AFTER A MOUSE
   for Beney Zsuzsának

In a book by a long-dead poet,
by the poem in which he fixes a woman
long-dead, is a flower-head of mud
pressed flat; the foot-stamp of my cat.

Forever sniffing round, she was
transfixed by lurking-space between the pages,
and froze there, once, for the out-race of a mouse
(and now my cat, my pet, is long-gone, too).

And true enough, in the spine-dark deep
of the paper hidey-holes, there's something trapped:
we're forever slipping this or that between the sheets
to keep a hold on all, our every accident.

Translated by Antony Dunn

MAP

We went too far again, forgot to turn
to the right, I never was good
with directions, for I was dreaming, you know,
like the ant straying into the vacuum cleaner, I always went
alone
only the light
showed the way, it was a right turn

volna használni, elmúlt, de tudod,
most már bármerre, jobbra fordul,
hazavezet,
az összes út.

ÁRNYÉKFŰ

Nekiláttam, hogy mindent rendbe hozzak:
hogy lenyírjam a füvet, de előtte
kibogozzam a huszonöt méteres
kerti hosszabbítót.

Az egyik végét egy tujára kötöttem,
(ó jaj, lélektől lélekig az út-)
egy másikkal (legalább négy volt)
elindultam a ház felé.
Rám esteledett és föladtam.
Maradjon, álltam, minden így,
hadd nőjön tovább és szórja szét,
nőjön az égig, szórja magját
szét az árnyékfű,
amit magam vetettem.

TELIHOLD

Fülledt éjjel van, rákezdték a tücskök,
száradnak kint a fürdőruhák.
Átizzadt hálóingben virraszt
egy sziluett
a muskátlik mögött.

that we should have taken, too late, but you know,
no matter where, all the roads
will lead back home.

Translated by Ottilie Mulzet

SHADOWGRASS

I set about to put everything in order:
to mow the lawn, but first I had
to disentangle the twenty-five metres of extension cord.
One end I tied to an arbor vitae

(oh, how the route passes from soul to soul)
with another (there were at least four)
I headed back to the house.
Evening closed in around me and I gave up.
Stay – I stood there – stay as it is,
let it grow ever further and scatter forth,
growing onto the sky, may the shadowgrass
scatter forth its seeds,
which I myself have cast.

Translated by Ottilie Mulzet

FULL MOON

It is suffocating midnight, the crickets start up
the bathing suits are drying outside.
Behind the geraniums
a silhouette keeps vigil
in a nightshirt drenched with sweat.

Idegen, fehér erkélyes házak
jönnek, a kis utcába érve
megáll, hogy hátha tévedett,
hátha egy másik
autó parkol a murvás udvaron.

Nézi sápadtan, imbolyogva,
aztán torkában felbőg a motor.
Homlokával egy kaputelefonra
borul: magányos, világító fejével
fölveri a felső lakókat.

Strange, white-balconied houses
approach, pulling into the tiny street,
stopping, perhaps this is the wrong way,
perhaps another car
is parked in the gravelled courtyard.

Looks around, pale, tottering,
then the motor wails up in the throat.
Brow cast upon the intercom:
the residents upstairs are disturbed
by the solitary, luminous head.

Translated by Ottilie Mulzet

VIRÁG ERDŐS

VIRÁG ERDŐS was born in Budapest in 1968. She writes poems, short stories and plays. Her poetry books include: *Udvarok* (Courtyards, 1993), *Belső udvar* (Inner Courtyard, 1998), *Lenni jó* (Good To Be Alive, 2000), *Másmilyen mesék* (Tales Told Otherwise, 2003) and *Eurüdiké* (Euridice, 2007). Her most recent work for the theatre, *A merénylet* (Act of Terror) was published in 2008.

www.erdosvirag.hu

PORTRÉ

Ez egy nő.
Onnan lehet gondolni, hogy nincsen fütyije.
Még az Ördögnek is van, de még a Zöldmajomnak is.
Még a Nagymamából is lóg valami vonal.
Ennek meg csak hasa van, meg három pici melle.
Lába sincs, csak kezei.
Azok is inkább szárnyak.
Nevet, pedig nincsen szája.
Piros a szeme.
Olyan hosszú haja van, hogy majdnem ki se fér.
Lila csík az abroszon, lehet kiabálni.
Mondtam én, de nem figyelsz.
Rángatod a tollat.
Ha még egyszer rángatod, letöröm a kezedet.
Na nézd, ennek még füle sincs, csak ez az idétlen bizbasz a fején.
Szarvak ezek, vagy mik?
Azt mondja a Boldizsár, hogy az az idétlen bizbasz a fején, az a koronája.
Hogy én vagyok az Anyakirálynő, ő meg a Király.
Nézzem, ott van ő is, csak persze nem nagyon lehet látni.
Benne van még a hasamban, tudniillik, azért.
Benne van, de mindent lát.
Engem is lát, mást is.
A lap tetején a szokásos, fekete gomoly.
Talán a nap.

JÓZSEFVÁROS FELETT AZ ÉG

Úgy lógott ott a drótkerítésen, mint egy fennakadt izé. Behajlított karját maga fölé tartotta, ettől aztán az egész teste valahogy kifordult, mint akit a könyökénél fogva húznak fölfelé. Olyan sivár látvány volt, hogy jóformán beleolvadt a tájba. Én is csak azért mentem oda, hogy végre szemtől szembe lássak egy ilyet. Azt mondják, lassan tele van velük a város.

PORTRAIT

This is a woman.
You can tell because she's got no prick.
Even the Devil has got one and the Greenmonkey too.
In fact even Grandmother has something dangling off her.
This one has only a belly and three tiny tits.
No legs, only hands.
In fact, more like wings.
She's laughing. Although she has no lips.
Her eyes are red.
Her hair is so long that there's hardly any room left.
Lilac stripe on the tablecloth. One might as well scream.
I've told you so, but you never listen.
You toss the pen around.
If you toss it around once more, I'll break your hands off.
Look, she has no ears either, just that fucking whatsit on the
top of her head.
Are they horns, or what?
Balthazar says that fucking whatsit is actually her crown.
That I am the Queen Bee and he is the King.
That I should see her, that she is there as well,
just it's not so obvious.
It's because she's still in my belly, that's why.
She can see me, and others too.
At the top of the page it's that usual black twirl.
Perhaps, the sun.

Translated by Ágnes Lehóczky

THE SKY ABOVE JOSEPHSTADT

He was swinging on a barbed wired fence, like a caught *thingy*. Holding his bent arm above him, his whole body looked somehow disjointed, as if someone was pulling him by his elbow. The whole scene being so bleak he virtually blended into the landscape. I only went up to him because I'd never seen such a thing before. They say the town is full of them now.

Azért az eléggé undorító, hogy valaki csak úgy lóg. Alá kellett kerülnöm, hogy alaposan kifigyeljem a képét. Vizsgálódom békésen, és egyszerre látom, hogy él. A testét csak a szél himbálja, de a szeme az mozog. Ide-oda jár a szeme, mintha azt akarná mondani, hogy hajrá, gyerünk, kapjam magam, piszkáljam le valahogy, és vigyem innen azon nyomban haza a melegbe. Fogjam meg a kezemmel azt az ótvaros, öreg testét és próbáljam valahogy leráncigálni a drótról. Intettem a fejemmel, hogy eszembe sincs. Az ilyesmi nem megy csak úgy. Akármilyen csont és bőr, ennek itt most súlya van. Eszembe villant, hogy még majd rám talál zuhanni, az utolsó, maradék, rémült erejével nekilódul, ellöki magát és ráugrik a hátamra, mint egy gonosz állat. Persze óvatos voltam, és kellőképpen ravasz. Nem mentem hozzá egészen közel.

Azt, mondjuk, már egyből láttam, hogy részeg, mint a föld. Az ilyeneknek jó messziről látszik a szemén. Meg mindenén. A ruházatán. Pláne, hogy a nadrágján kajánul virít a folt. Már be se issza magába a fáradt, rossz anyag. És bűzlik is már, valósággal bűzlik, mint a sajt.

Akkor hagytam ott, amikor elkezdett sípolni. Nyitogatta a száját, és időnként jött belőle az a jellegzetes, hosszan kitartott hang. Valami szomorú, elcsigázott szoprán. Félni kezdtem, hogy most majd az jön, hogy leköp, vagy leokád, vagy bármi módon megkísérel törődni velem. Azt gondoltam, legjobb lesz, ha indulok haza. Ez is megvolt, mégsincs este, láttam ilyet is.

Volt egy dolog, ami azért nem hagyott nyugodni. Kíváncsi voltam, ott van-e a hátán az a micsoda. Odébb mentem kicsivel, és úgy fordultam, hogy lássam. Minden stimmelt, a lapockájából lógott valami rongy. Kicsit véres volt, kicsit olajos és koszlott, de a tövénél még látszott egy-két satnya, sárga toll.

I think it is pretty disgusting when someone just hangs like that. I have to get under him, to see his mug properly. There I am, peacefully examining it when I realise he's alive. His body's only blown by the wind, yet his eyes are really moving. His eyes are moving to and fro, as if he wanted to say, come on, let's go, hurry up, to say that I should grab him right now and take him away, take him home. That I should touch his old and scabby body with my hands, and try and drag him off the wire. I shake my head to indicate that I am not that crazy. Things like this are not so simple. Although he is nothing but skin and bone, *this* really carries weight. It occurs to me he might fall on me, or, summoning a last drop of energy, he might jump on my back like a vicious beast. Of course I am careful and cunning enough. I don't go right up to him.

I see straight off that he is drunk as a skunk. People like him, you can always tell from the way they look at you. And from other things. From their clothes. Let alone the loud wet spot on their trousers. The tatty old material cannot even soak it up. And it stinks, stinks pretty much like cheese.

I left him the moment he started hissing. He kept opening his gob, and now and again he released that distinctive elongated sound. Some real sad deadbeat soprano. I was afraid he would spit or puke on me, or try to bother me in some other way. I thought I'd better make my way home. It's happened. It's over.

Something bugged me though. I wondered if there was that *thingamajig* on his back. I moved away a little bit so that I could see him. I was right, there was some cloth showing off his shoulder-blades. It was a bit blood-spattered, oily and raggedy, but at the root of it there were some shreds of a stunted yellow wing.

Translated by Ágnes Lehóczky

UFÓK

Vannak ezek, de nem nagyon tudja senki. Nekem is csak mostanában nyílt ki a szemem.

Mondjuk onnan lehet gondolni, hogy megeszik a porcogót. Minden ufó megeszi, én még olyan ufót életemben nem láttam, aki ne ette volna meg. Lecsurgatják, ráharapnak és bezúzzák, mint a plexit. Valahogy másképpen vannak az ízzel. A levesben főtt zeller például számukra olyasmi, amit igenis be szabad venni a szájba. Nem számít, hogy málik, mint a kiázott göröngy, hogy puffadt és szálas és dermedt és öreg, nekik az kell, meg a hagyma, meg a cafrangokban ringó kelkáposztalevél. Még az is lehet, hogy van valami programozott vonzódásuk a sárhoz.

Én életemben először a metrón láttam ufót. Utazom a piros metrón, Batthyányi, Moszkva, Déli, odanézek, hát ott ül egy ufó. Nem volt nagy, az igaz, kimondottan kicsike volt, úgy három láb, az igazán nem számít nagynak, de ufó volt, az biztos, mert lógott a feje. Még csodálkoztam is, hogy mért hagyták leülni. Az ilyeneknek állni kéne, meg még azt is gondolom, hogy menjenek gyalog. Vagy röpüljenek, ha tetszik, hülye ufók. Ide-oda fészkelődött, látszott rajta, hogy valamit akar. Aztán a kanyarban egy hirtelen, idétlen mozdulattal valahogy hátracsapta a fejét, neki a támlának, neki a kőkemény, barna bőrnek, undorító látvány volt, de így legalább kis ideig bírta magát tartani. Én nem tudom, hogy mért szúrt ki, de rögtön engem nézett. A szemében még nem lett volna semmi külön extra, riadt volt és figyelmes, mint bárkié a metrón, de már a harcsa szájával szünet nélkül tátogott, és mindeközben vastagon folyatta a nyálát. Pedig a nyál, az szerintem olyasmi, amit nem szabadna hagyni. Mondjuk olvastam egy ufóról, akinek az orrából egyszer csak kijött a takony, de a nyál az azért mégis más. Az már olyan, mintha konkrétan a bele folyna. Uram atyám, gondoltam, én most innen azon nyomban kiszállok, de persze a metróban az nem megy csak úgy. Még látnom kellett, ahogy az anyja, mert ki más, a csupasz kezével szépen odanyúlt, és letörölte neki ügyesen az állát.

Egyébként ha körbenézünk, annyi itt az ufó, mint a nyű. Minden koszos bokorba jut egy. Itt van például ez a Terenye. Nekem ez a Terenye egy ismeretlen bolygó. Ott aztán már végképp mindenki ufó. Nemhogy ezüst overál, de gumicsizma, mackónadrág,

ALIENS

They kind of exist, but no-one really knows it. I have only recently discovered it myself.

Well, you know, they exist because they eat gristle. All aliens eat gristle, I've not seen an alien which didn't have this habit. They pour it down, bite it and smash it like plexiglass. Somehow they treat flavours in a different way to us. For instance, for them the celery in the soup is something that you're allowed to put into your mouth. Never mind that it crumbles, like soaked-through lumps of soil, that it is gummy and stringy and numb and old, they insist on it, and on the onion, and on shreds of worn cabbage leaf. It is also possible that they are programmed to be attracted to mud.

The first time I saw an alien was on the tube. I am travelling on the red-line, Batthyány, Moszkva, Déli, I look and there it is, an alien. It isn't large, to tell the truth, in fact, it is actually tiny, *circa* three feet high, that's not considered big, but it's an alien, for sure, because its head is dangling. I am surprised it has been allowed to sit down. Things like this should be standing, and surely, they should just go on foot. Why don't they just fly, the stupid aliens? Fidgety. You can tell it wants something. Then, at a sudden bend, with a clumsy movement it drops its head back against the board, against the stone-solid leather, what a horrible sight, but at least it can hold itself up for a little while. I don't know how it spots me, but it stares at me directly. There's nothing special in its eyes, they're startled and attentive, like everybody else's until, like a catfish, it starts gawping and drooling. Though, if I had my way, spit wouldn't be allowed. By the way, I once read about an alien whose nose was full of snot, but then saliva is a little different. It's as if the *inside* of its intestines were bursting out. Goodness me, I think to myself, I'm getting off the tube right now, but of course it's not so simple. I must see how she, no doubt its mother, will wipe its chin with her bare hand.

By the way, if we look around, there are zillions of aliens here. There is one in every damn corner. For instance here is this village which, for me, is an alien planet. In fact everyone here is an alien. Waders, tracksuits, aprons, and fur coats to top it all,

köténýruha, és arra még rájön a bekecs. A fejformájuk is eléggé elüt a miénktől, ovális, horpadt, hosszúkás, vagy éppenséggel pikkelyes, nyilván megvan az oka, hogy bunkó módon állandóan bekötik. Ezek ott arról híresek, hogy értik az állatok nyelvét. Kommunikálnak a lóval, és állítólag lézerezik a tyukokat. De például magyarul egyik se beszél. Mondjuk van valami makogás, de azt meg csak az érti, aki ismeri a kódot. Én meg azt nem ismerem, mi legfeljebb évente ha egyszer lemegyünk. Annyi ott a furcsaság, hogy néha már vacilálok, nem kéne-e szólni. Például van ez a vér. Előkapják a nyeles lábost, hagymás zsíron kisütik, megsózzák, megeszik. Ez a csemegéjük. Én nem tudom, hogy mit remélnek ettől, de ilyesmi énszerintem még az űrbe sincs. Aztán ott a többi. Levideózzák a frissen meszelt házukat, meg ilyenek. Azt mondja a feleség a férjének, hogy fiam. A Nagyjanika szobájában van egy óriásposzter, napfény, tenger, negy mellű nők: hazai tájak, gondolom. Lefekszik, nézi a falat. Egyébként meg trágyalében táncolnak és azt se tudják, mi fán terem a kumin.

Aztán bejönnek a városba és összefogdosnak mindent. Nem lehet már tőlük megmaradni. Az, hogy invázió, azzal még nem mondtam semmit. Hogy elözönlik a világot, az csak egy dolog. A legbosszantóbb, hogy még csak nem is tudják. Azt gondolják magukról, hogy ők is emberek. Bemegy az egyik a Kaiserba és kér mondjuk szalámit. De nem ám akármilyen szalámit, azt mondja a békafejű, húsz deka túristát kérnék szépen szeletbe. Ami persze nonszensz. És még csodálkozik, hogy megfagy körülötte a levegő. Ez egyszerűen nem tudja, hogy élő ember sose vesz olyat. Hogy meghal inkább, mintsem túrista szalámit egyen. Mindenki tudja, miből van az. Én ilyenkor persze szépen odébbhúzódom a sorban, vagy maximum kiállok, mit tehetnék egyebet. Mégse futhatok fülkét keresni, mégha kártyám lenne is, hogy egyszerűen felhívjam a NASA-t.

A legborzasztóbb az volt, mikor rájöttem, hogy a tulajdon anyám is ufó. Igaz, hogy már jóideje gyanus volt nekem, most, hogy visszagondolok, hát volt is rá okom. Például ott volt mindjárt az a lifegő szemölcs a nyakán. Egy hatalmas, udorító, fekete bogyó, ha valaki átölelte, elkerülhetetlenül beléakadt. Sose firtattam, hogy került oda, pedig ez a szemölcs engem, emlékszem, hogy jó sokáig nem hagyott nyugodni. Aztán meg az ilyen-olyan fejpántos kis forradalmai. Che Guevara meg az

never mind the silver boiler suits. Then the shape of their heads, so dissimilar to ours, oval, elongated, dented, or even scaly, there must be an obvious reason why they tie them up, the country bumpkins. They are renowned for understanding their animals' language. They communicate with their horses and apparently stimulate their chickens with lasers. But none of them speaks a human language. It might be a kind of monkey-speech, but only initiates can understand the code. I don't understand it, we only go there once a year. There are so many oddities that occasionally I wonder if I should say something. They bring out their saucepans, they fry lard and onion, salt it and then eat it. This serves as a titbit for them. I don't know what they expect to get out of it, but not even in outer space has anyone seen anything like this. Then the rest. They video their whitewashed houses, and things like that. The wife calls her husband, my son. Little Johnny has a poster in his room, sunshine, ocean, women with big breasts: homely landscapes, I guess. He lies down. Staring at the wall. Otherwise they party in muck and haven't a clue what cumin is.

Then they come to town and touch everything. You can't get away from them. To call it an *invasion* is not half of it! They're just a plague on the world. And the worst of it is that they don't realise it. They consider themselves to be humans like us. One walks into Tesco's. The froghead asks, let's say, for salami. But not for any kind of salami, he asks for half a pound of processed meat in slices which, of course, is nonsense. And he's surprised that people's blood runs cold. He simply doesn't know that living humans would never buy such stuff. They'd rather die than buy processed meat. Everyone knows what it's made of. Of course, I normally move away or step out of the queue, what else can I do? I can't just run into a phone box to ring NASA, can I?

What made it worse was to discover that my own mother was an alien. The fact is I had had my suspicions for a while. Now that I think of it, I had a good reason. To start with there was that dangling wart on her neck. A gigantic, disgusting black growth, that no-one who tried to hug her could escape getting caught on. I never questioned why it was there, even though this wart was always on my mind. Then there were all her different 'headband' revolutions. Che Guevara and those nasty

álnok jenki vérszopók. Társaságban egyszer direkt elájultam, csakhogy nehogy véletlenül végig tudja mondani. Aztán sorban a Demis Russos, a Belmondó, meg a Szécsi Pál. Az évzárómon cicanadrág, tigriscsíkos tunika, vénségére bokalánc, már terveztem, ha megkérdezik, azt mondom, árva vagyok, hogy mindig is árva voltam, csak idáig nem akartam szólni. Az meg ott, az a perverz állat egyszerûen rámakaszkodott.

Aznap jöttem el, amikor volt az a hennás affér. Akkor már tiszta ősz volt, hiába is próbálkozott, bolti festék sehogyan se fogta a haját. Egy nap aztán valahonnan szerzett egy stanecli hennát. Ez valami por volt, fel kellett oldani vízbe. Mostugrika majoma, rikkantotta boldogan és bezárkózott a fürdőszobába. Persze nem zárta kulcsra, csak úgy. Mikor aztán benyitottam, ott ült az üres kádban. A fejéről meg csorgott a sár. A ganésárga, libazöld takony. Mindjárt jó lesz, mondta, csak még egy kicsikét várni kell. Egy egészen kicsit. Esküszöm, hogy drukkoltam, de nekem is van gyomrom. Akkor aztán jó pár évig nem néztem felé.

Aztán valaki ideszólt, hogy menjek, mert kiengedik. Én meg persze azt se tudtam, honnan. Meg minek. Néhány hét, azt mondja, maximum egy hónap. Nem bánom, gondoltam, és attól fogva igyekeztem odaadóan ápolni anyát. Egy-két napig nem volt gond, csak feküdt, mint egy kicsi, sárga bábu. Aztán egyik reggel intett, hogy valami kell. Mutogatott az ágy alá, pedig ott nem volt semmi. Mire végül rájöttem, addigra már késő volt, eláradt a szobában a bűz. Pánikba estem, órákig csak szaladgáltam le-fel a lakásban. Ez azért már több a soknál, gondoltam, és szidtam azt a buta fejemet. Azon mesterkedtem, hogy juthatnék ki észrevétlen a házból. Aztán mégis inkább maradtam. Estére járt, mire végre megszólalt bennem a lelkiismeret. Villanyt gyújtottam, odamentem hozzá és óvatosan megemeltem a plédet. És akkor hosszú csörrenés, és leesett a tantusz. Még a vak is látta volna, hogy ez itt nem ember. Ekkora nagy csúfságot egy ember nem csinál. Ekkora nagy ocsmányságot nem követ el földi lény. A saját egyszülött fiával nem csinálja ezt. Már össze-vissza kiabáltam, ő meg csak nyöszörgött, de most végre belátta, hogy elsősorban neki kell itt szégyelni magát. Kimentem a konyhába és dörzsikével alaposan lemostam a

Yankee parasites. In company once, I pretended to faint, so that she couldn't finish her story. Then of course, her Demis Roussos, Belmondo and Pal Szecsi. Her ankle tights and ankle chain, her tiger tunic. At her age! If they ever asked me, I was planning to say I was an orphan, that I had always been an orphan but I had never mentioned it. *That* one there, that perverted beast simply thrust herself upon me.

I left her after that henna affair. She was by then entirely grey, no matter how she tried, no purchased dye would dye her hair. One day she bought herself a cornet of henna. It was some kind of powder you had to dissolve in water. *Eureka*, she screamed with relief, and locked herself in the bathroom. She didn't quite lock it, though. When I opened the door, there she was, sitting in the empty bathtub. Muck was dripping off her hair. Crap-yellow goose-shit-green snot. It'll soon be ok, we've got to wait, she said. A tiny bit longer. I swear I kept my fingers crossed for her success, but my stomach couldn't stand it. After that I didn't go anywhere near her.

Then someone told me that she was out, I should go. Of course I didn't know what she was out from. How long should I go for? Only a few weeks, she said, or at maximum a month. From that moment on I tried to look after mother. All went well for a few days when she was lying there like a little yellow puppet. Then one morning she waved at me. She kept pointing under the bed, although there was nothing there. By the time I finally realised, it was too late, the room had started to stink. I panicked and ran up and down for hours and hours. This is more than enough, I thought, and blamed my stupid self. I was manoeuvring to somehow get out of the house without her noticing. In the end I decided to stay. It was late when I first felt guilty. I switched the lights on, stepped towards her and lifted up her blanket. Then a delayed rattling sound, and the penny dropped. Even a blind man could have seen that this was not a human sight. A *human being* does not produce such a massive ugly object. A human being does not commit such a crime against her own child. She did nothing but whimper while I shouted my head off, but eventually she realised she should feel guilty. I left the room and I washed my hands thoroughly in the kitchen with a multipurpose scouring pad. Then I parked

kezemet. Aztán leültem, hogy kivárom, ha addig élek is. Nem is kellett soká várnom, másnapra vége lett.

Jöttek is, hogy elvigyék, de persze nem találtak senkit. Kérdezték, hogy mégis hol van, mondtam, hogy már elment. Ami persze hazugság, egy ufó nem megy el csak úgy. Egy ufó az még jó sokáig itt marad.

Egyszer késő éjjel jöttünk fel a hatoson, egy bozótosnál lehúzódtunk és én kiszálltam pisilni. Szeptember volt, ilyenkor már ritka a hullócsillag, az ember mégis óhatatlanul odasandít az égre. És ahogy ott álldogálok, nézelődök, kémlelek, egyszerre csak meglátok az égen valamit. Nem volt annak se fénye, se formája, se mérete, de talán még távolsága se. Egyszerűen csak azt láttam, hogy ott van. Aztán meg hogy hopp, már nincsen ott. És akkor eszembe villant a mondás, hogy "ufók haza". És akkor azt vártam, hogy most majd meg fogok nyugodni. És persze meg is nyugodtam, de egyáltalán nem úgy.

Ahogy aztán beértünk Pestre, hirtelen rám tört valami beteges, ronda csuklás. Akkor gondoltam először arra, hogy mi van, ha mondjuk én is. Ha mondjuk én is az vagyok. Beszívtam a levegőt, és próbáltam keményen tartani. Persze észre se vettem, és egy-kettőre elállt.

HAZUDÓS MESE

Erdős Virág
az egy dél-budai szólásmondás,
olyan, mint a "bungee jumping",
akkor szokták mondani,
ha nem jut az eszükbe más.

Erdős Virág
az egy természeti katasztrófa,
függőleges,
tizenkét betű.

myself somewhere so as to sit it out. I didn't have to wait too long, it was over by the next day.

They arrived to take her away, but they couldn't find anybody. They asked me about her whereabouts, but I said she had already gone. Of course it was a lie, aliens do not leave like that. Aliens stay with us for a very long time.

Driving up the motorway late one evening we had to pull off to pee at a shrubby place. Although it was September and shooting stars are very rare, one still feels the urge to have a squint at the sky. And as I am standing there waiting and spying around, all at once I can see *something* in the sky. It has neither size nor shape, splendour nor distance. I can only see that it is there. Then it's gone. Then I remember the slogan, 'Aliens, go home'. I expect to calm down. And of course I do calm down, but not quite like *that*.

As soon as we arrived in Budapest a nasty, sickly hiccupping came over me. This was the first time that I started to suspect *myself*. What if I am *one* too. I breathed in the air in and held it back, not noticing that by that time it was all gone.

Translated by Ágnes Lehóczky

A LYING TALE

Virág Erdős
is an idiomatic phrase from the south of Buda
like "bungee jumping",
people tend to say it when
they can't think of anything else to say.

Virág Erdős
is a natural disaster,
down,
twelve letters.

Erdős Virág
az egy kedvezményes díjcsomag,
már feltéve,
ha arról beszélsz,
amiről akarsz.

Erdős Virág
az egy többfunkciós termékcsalád,
voltaképpen rajtad áll,
hogy mit kezdesz vele.

Erdős Virág
az egy amfetamin-származék,
csak az a gáz,
hogy később elég nehéz róla leállni.

Erdős Virág
az egy poszttraumás stressz-szindróma,
olyan, hogy az ember mondjuk
üldögél a tévé előtt,
gondol egyet,
fölpattan,
és olyat tesz,
hogy hu.

Erdős Virág
az egy kamatozó kincstárjegy,
de nekem aztán beszélhetsz,
én elverem az egészet és kész.

Erdős Virág
az egy free style T-shirt,
bele is van nyomatva, hogy
"NO".

Erdős Virág
az egy fokozottan védett állat,
akárcsak a Gólyatöcs,
az Ugartyúk,
a Törpesas,

Virág Erdős
is a free gift
providing you make sure to answer
the questions in the questionnaire provided.

Virág Erdős
is a multi-purpose group of products:
it's up to you what you do with her.

Virág Erdős
is an amphetamine-derivative
the only hitch being that it is difficult to stop using her.

Virág Erdős
is a form of post-traumatic stress disorder,
the kind that might cause a man sitting in front of the TV, for example,
to think of something,
leap to his feet
and do something so, well,... blam!

Virág Erdős
is the ticket to a treasure-trove that pays interest,
but you can say what you like to me
I'll trash the lot, no argument.

Virág Erdős
is a 'freestyle T-shirt'
bearing the message
'NO'.

Virág Erdős
is an ever more ardently protected species
like the Storkfinch, the Meadowchick and the Dwarfhawk:

elejtése, befogása,
élőhelyének megzavarása,
fiókáinak, tojásainak gyűjtése
tilos.

Erdős Virág
az a híres-neves hackerkirály,
de nyugi,
már lebukott.

Erdős Virág
az egy ilyen „emberi dolog".

Erdős Virág
az Allianz Csoport tagja,
úgyhogy bizonyára nem lep meg,
hogy hosszútávon biztonságos jövőt garantál.

Erdős Virág
az egy Tüzes Pokémon.

Erdős Virág
az egy veszedelmes programféreg,
az ember épp csak ráklikkel,
és máris kész a baj.

Erdős Virág
az egy elvadult mutáns,
én nem is értem,
hogy engedik képernyőre az ilyet.

Erdős Virág
az egy úgynevezett extrém sport,
felhajtasz egy szponzort,
aztán nekimész fejjel a falnak.

Erdős Virág
az egy vadonatúj feldolgozás,
csak az a kár,
hogy tele lett nyomva
hipp-hopp elemekkel.

to kill one, to catch one,
to disturb her natural habitat,
to collect her brood or her eggs
is expressly forbidden.

Virág Erdős
is the notorious doyenne of computer hackers,
but relax, they've tracked her down.

Virág Erdős
is a kind of "anthropological development".

Virág Erdős
is a member of the Alliance Party
so it will not surprise you to know
that she guarantees you a secure long-term future.

Virág Erdős
is a Fiery Pokemon.

Virág Erdős
is a dangerous bug in your programme,
you just have to click on her
and you're in deep shit.

Virág Erdős
is a feral mutant
and I can't understand how they let her onto our TV screens.

Virág Erdős
is what is called an Xtreme Sport
in which you find a sponsor
then smash your head against a wall.

Virág Erdős
is a wholly new remix,
the only problem is
elements of hip-hop are part of the package.

Erdős Virág
ilyen címszó nincs.

Erdős Virág
az egyik leghíresebb magyar író,
de már sajnos meghalt,
vagyis nem halt meg,
csak mindig nagyon későn jár haza.

Erdős Virág
a *másik* leghíresebb magyar író,
pólókat ír,
szélvédőket,
állítólag ő írta, hogy
„I love Budapest".

JELENÉS
(Game Over)
„*Jaj, jaj, jaj*" *(Ján. 8,13)*

Az első angyal szerintem a Mirage-2000. Az olyat tud, hogy valósággal leszakad az ég. Én nem vagyok egy kalandvágyó, de azt azért látnám. Röpködök a felhők fölött, bámészkodom, pöntyögök, alattam meg, mint a ropi, dőlnek a hidak.

A második angyal énszerintem Jackson, a király. Az benne a szép, hogy nem fog rajta az idő. Öreg, mint az ükapám, de alig látszik húsznak. Van erre egy trükk, meg persze segít a zene. Az benne a trükk, hogy kvázi elemenként tisztul. Még a végbele is tiszta orvosi arany. Ha meggondolom, szerintem is ez a világ rendje. Ki kell vágni a picsába mindent, ami szar.

A harmadik angyal szerintem a dobermann szuka. Nem a csapott seggű fajta, hanem az a másik. A legújabb, hogy kérhetsz hozzá

Virág Erdős
no such brand name.

Virág Erdős
is one of the best known Hungarian writers
but sadly she is dead,
or rather, not dead, it's just that
she always gets home very late.

Virág Erdős
is the *other* best-known Hungarian writer,
she writes texts for sweatshirts and wind-shields,
apparently, it was she who wrote:
'I love Budapest'.

Translated by George Szirtes

VISION
(Game Over)
   "Woe, woe, woe" (Rev. 8,13)

The first angel is, I think, the Mirage 2000. The list of the things it can do is enough to bring heaven crashing about our ears... I am not an adrenaline-junkie but that's why I'd like to see it. I'd zip here and there about the sky, cast my eyes round and relax while under me the bridges break up like pretzels.

The second angel is, I think, His Highness, Wacko Jacko. What I like about him is that he never ages. He's as old as my great-great-grandad but he looks barely twenty. Of course there's a trick involved: music certainly helps. The trick is that he has been distilled into a quasi-essence. Even his colon is pure alchemical gold. When I think about it I can see this is the way the world works. Have fuck all to do with shit of any sort. Get rid of it.

The third angel is, I think, the Doberman bitch. Not the flat-arse kind, but the other one. The most recent breed that comes with

kivehető fogsort. Éjszakára kikattintod, berakod egy zacsiba. És ha mondjuk elkap a hév, nyomakodhatsz bátran. Kúrás közben nem kell folyton féltened a nyakadat.

A negyedik angyal szerintem az elektromos nő. Az a jó, hogy van egy ilyen kijelző a hátán. Százalékra megadja, hogy melyik ütés mennyit ér. Persze nem csak ütni lehet, lehet minden mást is. Ezzel együtt relatíve nem fogyaszt sokat. Hálózatról működik, és teljesen steril.

Az ötödik angyal szerintem a csőben sült here. Az Admirálban állítólag kan majomból készítik, de én mondjuk gyanítom, hogy van abban még más is. Én speciel úgy szeretem, ha egy kicsit odakap.

A hatodik angyal szerintem az új Renault Megane. Az benne az ötletes, hogy nincsen benne fék. Akárhogy is ugrándoznak, nem kell rögtön megállni. És ha mondjuk begorombulsz, akkor sincsen semmi. A hűtőmaszkról könnyen-gyorsan le lehet mosni a vért.

A hetedik angyal egy kibaszott, kicsi, sárga zombi. Nekimész, hogy szétvered, de elcseszed megint. Zero credit, mindig ez van, vibrál, pittyeg, vár még, aztán lekapcsol a gép. És kiírja a rohadék, hogy nincs több életed.

replaceable dentures that you can whip out at night, and slip into a little bag... and, should you feel an overwhelming desire to screw her for instance, you can bang away without worrying. She won't bite your neck while you're doing it.

The fourth angel is, I think, an electronic woman. Her advantage is that she has a meter on her back which will tell you exactly how hard you're hitting her. Of course you can do plenty of other things with her besides beating her up. She costs relatively little to run. You can plug her into the mains and she is completely sterile.

The Fifth Angel is, I think, Testicle Baked in a Roll. In the Admiral Bar apparently they use male apes, but I have a suspicion they add a little something extra. I particularly like them a little overdone.

The Sixth Angel is, I think, the new Renault Mégane. The gimmick is that it has no brakes. However much people jump up and down there is no need to stop. And it makes no difference if you lose your temper. You can easily wash the blood off the grille.

The Seventh Angel is, I think, a goddam little yellow zombie. You attack it, thinking to beat it to a pulp, but it slips through your fingers again. Zero credit, it proclaims with finality. It judders, ticks, waits a while longer, then turns off. And then the bastard produces a message that says you have no more lives left.

Translated by George Szirtes

JÁNOS TÉREY

JÁNOS TÉREY was born in Debrecen, Hungary's second city, in 1970. Poet, dramatist, novelist and literary translator, he has won many Hungarian literary awards, including the prestigious Attila József Prize for poetry and the Aegon Prize for outstanding drama.

His most important publications to date are *The Dispersion* (1991), *The Natural Arrogance* (1993), *The Real Warsaw, Complaints Book* (1995), *Possessors' Aspect* (1997), *Termann's Traditions* (1997), *Paulus* (2001) and *The Nibelung Subdivision* (2004).

A CANALETTÓI PILLANTÁSA

A földindulás előtti délelőttön,
messziről, szikrázó egész a város.
Takaríthatják hajszálrepedések –
nem számol lángpallossal és Úrangyalával.
A fényképező agy megörökíti a képsort:
valamelyikünk kiváltja az altatóját,
kilép a Mária-patikából,
kocsiba száll a Régi Piactéren.
Másnap hajnalra nincsen az a patika,
sem az az autó, sem a Régi Piactér.
Csak az a drezdai, aki ébren maradt az éjjel,
s most a legyalult mélyföldön szétnéz.
A túlélő sohasem jóhiszemű. Biztos
benne, hogy ami történt, jóvátehetetlen.
Nosztalgiás az, aki konokul
ragaszkodik egy jellegtelen sarokházhoz –
nem ő emelte, még csak nem is életében épült,
ám mikor leomlott, mégis az ő
holmiját temette maga alá.
A nosztalgiás visszahódít a sivatagtól
egy házhelynyi területet.
Leás az ősmasszívumig,
összegyűjti az ezerötszáz Celsiustól
feketére pörkölt, idomtalan vándorköveket,
majd akkurátusan megszámozza őket.
Aztán a telkén centiről centire
ugyanolyanra épít minden zugocskát,
mint amilyen az eredetijük volt.
Visszahelyezi foglalatukba a kallódó
gyöngyöket, életet lehel beléjük.
A végeredmény pazar hamisítvány.
A múltja-nincsen-másolat
pimaszul utanozza eredetijét.
Valaki vőlegényi izgalommal
áll meg az Elba jobbpartján,
ugyanott, ahol Canaletto
kifeszítette vásznát:
szeme előtt az egyetlen
lehetséges sziluett.

CANALETTO'S GLIMPSE

The town, intact, glimmers from afar,
early morning, on the threshold of the tremor.
Patterned with hairline-cracks, unprepared
for the angel of the lord and his blazing sword.
The photographic mind records the sequence:
someone, as usual, buys his sleeping pills from the chemist's,
walks out of Mary's Pharmacy,
and gets into his car at the Old Market Square.
By the next morning, there is neither Pharmacy,
nor car; the Old Market Square is gone.
Only the Dresden, who was kept awake that night,
the one who now looks around the deep, flattened ground.
The survivor will never confide.
He is sure what happened is irreparable.
Anyone who stubbornly insists on
a featureless corner house is regarded as nostalgic –
it wasn't he who built it, it wasn't even built in his
lifetime, although the ruins buried his bric-a-brac.
The nostalgic one re-conquers the perimeter of a house
from the desert, digs down to the core of primal mass,
collects shapeless boulders scorched black at one thousand
five hundred Celsius and numbers them accurately.
Then inch by inch he re-fabricates every nook
in his garden just as it was,
replaces stray pearls in their case and breathes life into them.
The result is a magnificent fraud.
A past-less forgery, barefaced,
imitating its own original.
Someone with a bridegroom's excitement
stops at the right bank of the Elbe,
exactly where Canaletto stretched his canvas:
before his eyes, the only possible contour.

Translated by Ágnes Lehóczky

MI LETT VOLNA, HA

...Akkor másik film peregne a szélesvásznon.
Képeslap-város lenne, mint Prága vagy Graz,
mint a mennyország a vasárnapi
iskola képeskönyvében:
kiglancolt, sűrű és múzeumi.
Nem tartogatna lórúgás erejű meglepetéseket.
Tizenöt évesen átsétáltam volna a képtárain.
A későbbiekben a tájékára se nézek,
vagy jobb esetben tartalékolom magamnak,
ahogyan öreg italokat tartalékol
ünnepnapokra az ember.

Történt valami, és van miről beszélnem,
megadatott az édes ürügy.

Drezda csak fedőnév, nem találsz
alatta várost, Drezda nincs is.
Elegendő volt egyetlen agyvelő,
amelyben megfoganhatott a szándék.
Sir Arthur Harris légimarsall,
a Mennykő hadművelet szellemi atyja,
olyan várost jelölt ki célpontnak,
amely történetünk idejéig
csupán elenyésző károkat szenvedett.
(Nem igaz, hogy még egyetlen
ablaka sem tört be. Adódtak
bizonyos óhatatlan veszteségek.)

Megfélemlítés, a légifölény érzékletes
bemutatója, bosszú Coventryért satöbbi.
A Mennykő a maradék harci szellemet is
kipusztítja majd a német népből.
Leereszkedik Drezdára a szőnyeg,
és mindent átrendez maga alatt.

Ami Churchillt illeti, nagy ívben
hárította el magától a felelősséget,
mi több, győzelmi rádióbeszédében
a Mennykő hadműveletről
meg sem emlékezett.

WHAT WOULD HAVE HAPPENED, IF

...If there were a different reel on the projector.
Say, of a postcard-town, like Prague or Graz,
like heaven in Sunday-school picture books:
spruced up, dense and ostentatious.
It would have no surprises in store, nothing to stun
like the kick of a horse.
I would have walked through its galleries at the age of fifteen.
Later I wouldn't go anywhere near it.
Better reserve it for another time,
the way one reserves old bottles for moments
of celebration.

Something happened at last, something to talk about,
that's my delicious excuse.

Dresden, the name, is only a cover. You will not find
any town under it. Dresden isn't.
One single cerebrum was enough to conceive the idea.
Sir Arthur Harris Air-Officer Commander-in-Chief,
the Thunderclap air raid's intellectual colossus
chose a city which up until our story
had endured only minor historic damage.
(It's not true that none of the windows was broken.
It actually suffered unavoidable losses.)

Intimidation. The physical spectacle of air
ascendancy; revenge for Coventry etc.
One Thunderclap will eradicate the remains of martial spirit
from the German nation.
A colossal rug will descend on Dresden
and impose its own pattern on the town.

As for Churchill, he disclaimed all responsibility,
what's more, there was no mention of Thunderclap
in his victory speech.

Másik fricska Harrisnek: a sikeres
hadvezérek közül egyedül ő
nem került be a Lordok Házába.
Ami – a tények ismeretében –
mégiscsak méltánytalanság.
Én mindenesetre Sir Arthur Harrist
idézem a Vág utcában, Budapesten.
Bort nyitottam, pedig nem várok
vendéget. Megjegyzendő, Budapest
ugyanaznap került orosz kézre,
amikor Drezda pokolra jutott.
Harris bírt rá a beszédre
ebben az igen hűvös júniusban,
kitüntetett figyelmem ma éjjel az övé.

A CIRKUSZ

A cirkuszt gyűlölöm. Talán azért, mert
apám ismertetett meg vele anno,
ő vitt először Sarrasaniékhoz,
és pályázat útján nevet adott
az egyik kis bengáli tigrisüknek.
A színvonalas cirkuszművészet mint
ajnárra méltó alkotás! Mint „munka"!
Apámat ritkán kísérte az áldás.
Ő tanított kerékpározni, úszni
és egyik esetben sem járt sikerrel,
mi több, az emlegetett kunsztokat
azóta sem sajátítottam el.
Ezért nem merül föl a Sarrasani
Cirkusz mint esti program. Egyedül sem,
fiúval meg pláne nem. Pedig itt állt
a Carola tér másik oldalán.

Tudtam, hogy azok ott fent ölni fognak.
Az első kört a pincében kihúztam,
utána nem volt hová hazamenni.
Kiabáltam, mint akinek a háza
ég, és hát a mi házunk tényleg égett.

Harris disgraced for the second time:
amongst the successful Marshals, the only one not offered
a seat in the House of Lords.
Which – knowing the facts – seems a little unfair.
In Vág Street, Budapest, I quote, nonetheless, from Sir Arthur Harris.
I've opened a bottle of wine, although
I am not expecting guests. Note, Budapest was given up
to the Russians on the day Dresden was sent to hell.
It was Harris persuaded me to tell you the story
this pretty chilly June.
My distinguished attention is all his tonight.

Translated by Ágnes Lehóczky

THE CIRCUS

I hate the circus. Perhaps, because it was
my father who introduced me to it many years ago;
he took me to Sarrasani's the first time
and having won a competition, he christened
one of their Bengal cubs.
Ah, to fondle the product of the secret art of the circus. Proper expertise.
My father did not lead a fortunate life.
He tried to teach me to cycle, to swim, but failed in both cases.
In fact, I never mastered these operations, not even later.
That was why the Sarrasani Circus did not appeal
as evening entertainment. Neither on my own,
nor with another boy. Though the ring used to be here,
on the other side of Carola Square.

I knew those above us were ready to kill.
I survived the first wave of attacks in the cellar;
after that there was no home to return to.
I cried, like someone whose house is on fire,
and as it happens our house did burn down.
That night the menace encroached on our territory
but only once did it get too close.

Sokszor volt közel a baj akkor éjjel,
de testközelben csak egyetlenegyszer.

A parkban, ahová kimenekültem,
váratlanul megmozdult a bokor,
és ott állt előttem a tigris.
Majdnem összecsináltam magam, mert ez
ugyanaz volt, amelyiknek apám
a keresztapja. Segítene-e,
ha legalább a nevét tudnám?
A második támadás ideje.
Mellémbújt, remegett, hagyta magát
megsimogatni. Jobban félt szegénykém
még nálam is. A Sarrasani Cirkusz
dicsőséges állatsereglete
elszabadult szerdára virradóra.
Kibombázták a tigrist, hasonlóképp,
mint a Carola tér összes lakóit.
Kinek van gondja pont rád, nevenincs
vadállat? Jézus, mekkorára nőttél.
Megszoktad, hogy rátermett gondozóid
és idomáraid megszervezik
helyetted az élet folyását, és az
ember ölébe parancsol a félsz.

Mocskos dolog, de tőlem ennyi tellett.
A remek állatot magára hagytam,
mentem tovább délnek, holdkórosan.
Már magam se tudom, hogyan, de éjjel
kettőkor ott álltam a sínek mellett,
és volt ott még egy őrült masiniszta.

Talán csak be van csípve? Vagy valódi
őrült? Mindegy, mert se szó, se beszéd,
fölsegített a mozdonyba. Kocsik
nélkül a nagycsarnokból kifutottunk,
pedig ez légitámadás idején
legalábbis szabályellenes.
Elhagytuk Strehlent, aztán negyedórán
belül a pokol egyéb bugyrait.
Nagyon néztem, még mindig semmi baj.

The bush in the park where I fled
suddenly started to move, and there it stood
before me: the tiger.
I almost messed my pants, since it was the one
whose godfather was my father. Would it help
at all if I knew its name?
It was the hour of the second attack.
It snuggled up to me, trembling,
allowing itself to be fondled. Poor thing.
It was more frightened than I was. By Wednesday morning
the populous menagerie of the Sarrasani Circus had broken loose.
The tiger, along with the residents of Carola Square,
we'd all been bombed out. Who will look after you, anonymous creature?
Jesus, you've grown so enormous. You are used to your life
being carefully planned by your competent tamers and carers,
and now you take shelter in human arms from mortal danger and fear.

Damn the whole business, it was all I could do;
I abandoned the beautiful beast and
carried on sleep-walking in a southerly direction.
I don't know how, but at two in the morning I was
standing beside the rail-line, with someone beside me;
a crazy engine-driver was standing there too. Am I drunk?
Or is he really crazy? It did not matter, as without a word he yanked me
into the locomotive. Without any carriages we drove out
of the hall, although it was against the rules
during air-attacks. We left Strehlen behind, then within
a quarter of an hour the entire infernal scene.
I was amazed. It all felt so safe.

Translated by Ágnes Lehóczky

HONISMERETI GYŰJTEMÉNY

A hon akácosutak milliárdja,
érrendszer a vízfej körül.
Odebent ragyog a mindenkori utca,
a körút valamelyik gyámoltalan küllője.
Még nem Angyalföld. Már nem Újlipót.
Öregasszonyszag és egy kóbor cigaretta,
krátermélyi hőség, szakadatlan ebédidő.
Játszóterem, a Pánik és a Kényszer
birodalma. Őrzöm az életben maradás
receptjét, pofonegyszerű, követem a Napot.
Végállomás, megropogtatják
csontjaimat a Klubban.

Hídfő mindétiglen a pesti hídfő.
A Falk Miksa utca régiségboltjai,
ónémet tálalókkal: szegények
az első háborúban lettek ócskák.
Most újra szépek, de szétesnek
valamennyi utazáskor.
Sétám helye, a rakpart, félig víz alatt van.
Dél lett, mire megérkeztem a magyarok közé.

A hon pereme a Szigeti Bejáró.
Tiszta időben idelátszik a kicsapongás,
a Duna-parti sávban bádogasztalok.
Egész estés program,
az arcberendezéseket tanulmányozom.
Koponyák, és tökéletes koponya-másolatok.
Volnék hős, centrumából kirobbanthatatlan,
maradnék legalább ma itthon.
És kísértene a gyanú, hogy abban
a sávban van a helyem és a centrum.
Nincsen igazolt hiányzás:
ha megint reng az ég, alatta leszek.

A hon pincérállam. Főurak
állnak a kormányrúdnál, túlszámláznak
és kikényszerítik a csillagászatit.
Az alapzaj valami messzi meccs,
az Aréna hangja ott duruzsol a fülekben,
később átveszi a helyét

THE ENCYCLOPAEDIA OF MOTHERLAND

Motherland is a million acacia avenues,
a vascular system around a hydrocephalus.
The eternal street shines inside,
one of the helpless spokes of the boulevard.
Not yet Angyalföld, but past Újlipót.

The smell of old women and a stray cigarette,
crater-deep heat, an endless lunchtime.
Game room, the realm of Panic and Need.
I hold on to the recipe of survival, simple,
I follow the Sun. Final station, they crack my bones
in the Club.

The bridge abutment. The Pest-side bridge abutment
all the way along. The antique shops of Miksa Falk Street,
Biedermeier sideboards; poor things, they fell out of
fashion in the first war. Now they glow again, even though
they disintegrated during the journey.
The domain of my walk, the quay, half sunk in water.
It was midday by the time I showed up amongst the natives.

The border of the country is the entrance to the Island.
In clear weather, the debauchery is visible from here,
tin tables along the Danube bank.
All-night entertainment,
I study the construction of the faces.
Skulls, and perfect skull-imitations.
If I were a hero, steady in my centre,
I would stay at home tonight.
And the suspicion would tempt me,
whether my centre was somewhere along
the river bank after all. There is no excused absence:
if the sky quakes again, I shall be under it.

Motherland is the state of waiters and waitresses.
Landlords at the tiller over-charging,
demanding astronomical prices.
The background noise is a far-off football match,
sounds of the Arena hum in the ears,
later it is replaced by out-of-date syrup.

a lejárt szavatosságú szirup.
Éjszakám a sporttársak között.
Étvágygerjesztő a nyomoruk,
segít viselni a sajátomat.

Hídfő mindétiglen a pesti hídfő.
Beleborzongtam, mikor fényképen mutatták
Kanadában. Orom, ahová fölszáll a páva.

A locsolóautó meg az éjszakai 6-os.
Ragyog a mindenkori utca,
napsütötte céltábla.
Belészalad és megremeg a nyíl.

SAJNÁLKOZÁS

A pók igyekezete,
amelyet hajsza közben
tanúsított, lenyűgöző volt.
Vihette volna bármire.

Aztán váratlanul megállt
és meglapult egy horpadásban,
mindjárt a legelső redőben!
Mint aki berendezkedik.

Ereje teljében
határozta el magát a szökésre,
átjuthatott volna lendületből,
micsoda cikázás és céltudat!

Hite szerint most láthatatlan.
Nyugodt, mint aki odaát ül
és nem a halálsáv szívében.
Akárhogy is, itt fog kitelelni.

My night amongst fan mates.
Their misery is appetising;
it helps me to endure my own.

The bridge abutment, all along the Pest-side bridge abutment.
I shivered when they showed me a picture of it
in Canada. A chasm, *over it the peacock flies*.

A watering cart and the late night number 6 bus.
The all-time street shines,
a sun-lit butt.
A bow-shot. The arrow quivers.

Translated by Ágnes Lehóczky

REGRET

The spider's last effort
in the course of the chase
was compelling.
It could have gone far.

Then all of a sudden it stopped
and hid in a crack:
it headed straight for the very first crevice
as if the crack were its home.

The spider was in the prime of its life
when it decided to run,
it could have made do
with a single assertive swing.

The spider thinks it is invisible now.
It is calm, as if it were sitting on the far side
of danger not at its centre. No matter what,
it will wait out the winter just here.

Translated by Ágnes Lehoczky

MAGYAR MENYASSZONY

*Vajjon elfelejtkezik-é a lány az ő ékszereiről;
a menyasszony az ő nyaklánczairól?
Az én népem pedig számtalan napokon elfelejtett engem!*
    Jer. 2, 32

„Miss Omnipotencia,
Miss Ambivalencia kedves!
Levelet váltunk, mintha iker naplót
Írnánk: ott a fülünkben
A saját élénk hangunk ekhója;
Ha nincs ott, és helyette zaj:
Elvétjük egymást irgalmatlanul.
Addig bújócskázom előled,
Míg kiderül: nincs más választásom,
Mint veled élni. De addig
Szökdösöm előled, igen,
Utálatos sikerem van a mások kertjében.
Akárki legyen, csak ne te légy.
A közellét perzsel; pusztít
Minden szeretetbomba."

„Miss Tolerancia,
Miss Nulltolerancia drága!
Még egyszer megforgatom
A tőrt a szívedben: napokig
Nem kapsz rólam hírt!... Fényes reggel
Addig súrolom az ablakot,
Míg meg nem látom benne megint magamat."
Amennyire ellentmond nekem,
Pontosan annyira emberi.
Pontosan annyira nagy.
Sírnivaló, mennyire
Rászolgált az örömre.
Ha kér, kínzom, hogy kínoztassak.
Kínoz, hogy kínoztasson,
Gyönyörűsége telik benne.
Magyar nő, mennyire
Megszolgálta a kínzást!
Magamba bolondítom,
Hogy kínozhassam pazarul.

HUNGARIAN BRIDE

> *Can a maid forget her ornaments, or a bride her attire? Yet my people have forgotten me days without number.* Jeremiah 2.32

"Miss Omnipotence,
Miss Ambivalence, dear!
We write to each other, keeping
Twin diaries: the sharp echo
Of each other's voices ring in our ears;
Should there be no echo, only noise
We'd miss each other terribly
In the meantime I hide from you
Until it's clear I have no alternative
But to live with you. Till then
I will avoid you, and yes,
I manage brilliantly in other people's gardens.
With anyone, in fact, except you.
Proximity burns us out; each love-bomb
Means total destruction.

"Miss Tolerance,
Miss Zerotolerance, dear,
Once more I twist the blade
In your heart: for days on end
You don't hear from me!... I spend the bright
morning polishing the window
until I can see my reflection in it."
The more she stands up to me,
The more human she becomes,
So much the greater she is.
I could weep thinking how much
She has earned her right to pleasure
I torture her at her own request, so that I may be tortured.
She tortures me, so that she may be tortured
Since that is her exquisite pleasure.
Hungarian woman, how thoroughly
She has deserved all that torture!
I'll make her fall in love with me
To torture her yet more exquisitely.

Translated by George Szirtes

INTERJÚ ANTHEÁVAL

Barna, szigorú szemű szépség,
Mint Parmigianino *Antheá*ja.
Menyét siklik le a válláról,
Futni engedi. Anthea hangja kemény.
Kérdezzek bátran, van ideje rám.

„Hogy telt a hétvégéjük, asszonyom?"
– Leparkoltuk az óriáskomp
Gyomrában az autót. Aztán irány Ischia.
Már a kikötőben rákezdte az eső,
Amolyan dézsából zúdított,
Egész napos áldás. A fedélközben
Olyanok voltunk, mint két
Párhuzamos pályán haladó ügynök;
Később, mint a csalódott nászutasok.
Ha eszményien kerek egy tengeröböl,
Gyanakszunk: azelőtt kráter volt,
Mint ez: egy melegebb bolygó kialudt krátere;
Váladékából, az andezitből
Rakták a mólót, abból van a világítótorony is.
A parton szurtos képű fiúcska
Visította fülünkbe: *„Moneta, moneta!"* –

„És mi a bolygó működési elve?"
– Halad, kiszolgáltatva az elemeknek,
Vagy az elemek földi személyzetének,
Ami majdnem ugyanaz.
Aranykori önzés építi a villát,
Magasítja a gátakat;
Átlag ötvenévenként
Hullámzik a föld. Na és?... –

„És mi tetszett a legjobban a szigeten?"
Anthea végigsimítja ruhája redőit.
– A zenélő hintaló a kikötőben!
A pénzünkért háromszor ülte meg
Ugyanaz a gyermek,
Akivel nem lehetett betelni.
A feneketlen szomorúság is tetszett,
S hogy „Lete" volt az ásványvíz neve.
A férfiak arrafelé nem túl szépek, de csinos volt

INTERVIEW WITH ANTHEA

Severe, brown-eyed beauty,
Like Parmigianino's Anthea,
A ferret slips from her shoulder,
She lets it run off. Her voice is hard.
Go ahead, ask, she says. She has time for me.

   "How was your weekend, madam?"
We parked the car deep in the intestines
Of the enormous ferry. Then off to Ischia.
It was pouring by the time we docked at the harbour,
Great bucketfuls of rain, a proper
Full day's drenching. On board we were
Like two businessmen travelling
In tandem, later like two disappointed
Honeymooners. If a bay is
Even vaguely round, we suspect
It must have been a crater in the past
Like this, a crater left by one of the hotter
Meteors; the jetty, like the lighthouse,
Constructed from the deposit of andesite.
A dirty boy on the beach
Screamed in our ears: *Moneta, moneta.*"

   "And what is the principle on which the planet works?"
– It moves, subject to the elements
Or to the staff manning the elements on earth,
Which is, after all, much the same thing.
A golden age of self-love builds the villa,
Raises the flood barriers;
There's an earthquake every fifty years
On average. So what?...

   "And what did you like most about the island?"
Anthea smooths the creases on her dress.
– The musical rocking-horse in the harbour!
The same child could have three rides
For the money we paid,
We couldn't get enough of him.
I also liked the infinite, bottomless sadness,
And that the sparkling water was called *Lethe*.
The men in those parts are not especially handsome,

Egy légionárius-arcú turista, sasorral;
Tetszett a bokáig esővízben dagonyázó,
Egészségtől kicsattanó arab család
A sarokban. Az éjjel antracitja. –

„Ön hol érzi a legjobban magát?"
– Én a Minőségi Élet Múzeumában:
Pompeji vörös a fala, mint mifelénk
Minden tisztes középületnek.
A férjem beszéde olyan volt,
Mint a csorgatott méz,
Amikor szombatonként elmentünk oda.
Ilyenkor ő meg én:
Két szolidáris sziluett. –

„Önnek melyik a kedvenc játéka?"
Anthea kesztyűs jobbkezével
Szorongatja a bal kesztyűjét.
– Nekem *A Pokol A Másik Ember*
Elnevezésű játék. Másik nevén az *Eszkalálódó
Szerelem*. Nem lehet megunni,
És szerencsére, sohasem véres. Jó nekünk. –

„Ön fiút vagy lányt szeretne szülni, Anthea?"
– Madonna-arcú, nagyfenekű kislányt.
Kékszemű volna, mint a férjem;
Kis felnőttnek öltöztetnénk: szokja a szatént;
Jól állna a pink felső a szőke hajához.
Kockás szoknyában járatnánk az utcán.
Még lenne mackója; már volna melle. –

„És hogyan érzi magát a válás óta?"
– Szárazföldi betegség kínoz.
Mióta nincs több átkelés,
Rosszabbul alszom. Olvasatlanul
Dobom ki a postát. A kibeszéletlen
Problémák! Azt mondja az orvos:
A nyílt vita áramlása hiányzik. –

But one tourist looked quite pretty
With his eagle-nose and legionary face:
I liked the Arab family in the corner
Bursting with health, wading through
The ankle-deep rain. The night's anthracite. –

"And where do you most enjoy yourself?"
I like The Lifestyle Museum best:
Its walls are Pompeiian red, like all
The grander buildings we have back home.
My husband's voice, each word,
Was dripping honey
On the Saturdays we went there,
Just he and I at such times –
Like two joined silhouettes.

"And what is your favourite game?"
Anthea grips her left hand glove
In her gloved right hand.
– Mine is the game called *Hell is Other People*,
Otherwise known as *The Love
Accumulator*. One never grows bored of it,
And luckily no blood involved. We like it. –

"Would you prefer to have a boy or a girl, Anthea?"
I want a big-assed girl with a Madonna look.
She should be blue-eyed like my husband;
We'd dress her grown-up, she'd get used to satin;
Her blonde hair would look good with a pink top.
She'd walk the street in a gingham skirt,
Her breasts already developing, although
She 'd still be carrying her teddy bear.

"And how do you feel after your divorce?"
I'm suffering from a sort of dry-land sickness.
I sleep much worse now there are no more
Crossings. I throw away my post
Unread. And no end of problems.
My doctor tells me I am missing
The flow of open debate

„És mi történt azóta odaát?"
– Gondolom, üresebb lett a sziget.
Gondolom, a villában csönd van utánunk,
Az asztalilámpa teasárgája kialudt.
Gondolom, újra egyenes lett a helyünkön a fű.
Ugyanúgy virulnak a bougainvillea
Tölcsérei. Ez van. Virul minden egyéb. –

„És hogyan készül a télre, Anthea?"
Haja kibomlik a sűrű fonatból.
– Krisztust, mint ruhát, magamra öltöm. –

ASZTALI ZENE (jelenet)
(I Allegro, 8)

(Az eddigiek. Roland és Kálmán fölülnek a bárszékekre, Győző az ablakba áll, tárcsáz a mobilján, tompított hangon telefonál, de nem lehet érteni a szavát)

GYŐZŐ *(leteszi a telefont, fölemeli a hangját)*
Sokat kirándultunk a nagymamával.
Itt szálltunk föl a buszra, a Joliot-Curie téren.
Irány a Virágvölgy, vagy föl egészen
Csillebérc vöröséig, és tovább,
A lakott világ peremén volt egy hímes rét, a mi rétünk,
Nyáron konkrétan sárkányrepülőkkel;
De itt lent nem volt semmi varázslat,
Csak egy közért a sarkon, por, trafikok.
Nem robbant le a tér, csak lassanként kiürült,
Puha lett és bágyadt, mint egy elhagyott szerető.
Nem volt csobogókút, zuhataggal,
Vízlépcsővel, nem volt palacsintázó;
És főként nem volt Csodaszarvas bronzból,
Se Turul. Csak az Ugocsa mozi volt dosztig,
Egy nagyon fáradt vasárnap délután,
Kopott homlokzatok, tömény unalom.

"And what has happened over there since then?"
I imagine the island must be emptier.
I imagine the villa will be silent now we've gone,
The tea-coloured bulb of the table lamp will have gone out.
I imagine the grass we sat on has grown straight again.
The cones of the bougainvillea will be blossoming
As before. That's how it goes. Everything else blossoms.

"And how will you prepare for the winter, Anthea?"
Her hair tumbles from its thick braid.
I shall put on Christ, I'll clothe myself with him.

Translated by George Szirtes

TABLE MUSIC (excerpt)
(1st Movement: Allegro, Scene 8)

(As before. Roland and Kálmán sit on bar-stools, Győző stands at the window, making a call on his mobile phone but we can't hear his words)

GYŐZŐ *(puts away the phone and raises his voice)*
　　We went on various trips with grandmother.
　　We'd get on the bus at Joliot-Curie Square,
　　And head for Virágvölgy or on to where
　　The leaves turn red at Csillebérc, and beyond,
　　Past houses, to the meadow, a floral meadow
　　Full of people flying kites in summer;
　　But there was nothing magical down here:
　　The corner grocery, dust, tobacconists.
　　The square not derelict, just gradually emptied,
　　Grew soft and tired, like an abandoned lover,
　　No fountain there, no waterfalls, no rapids,
　　Not even a place where we could queue for pancakes;
　　Above all, no bronze statue, no Miraculous Stag,
　　No Turul bird, just a cinema, the *Ugocsa*,
　　Exhausted Sunday afternoons, the walls
　　Flaking loose plaster, a heavy dose of boredom.

KÁLMÁN
   De akkor is volt benne valami finom,
   Valami hamisítatlanul hegyvidéki,
   Valami védettség, rezervátum-jelleg.

GYŐZŐ
   Úgy is mondhatnád: a béke szigete...
   A béke a régi, de most már itt van a sarkon a White Box,
   És itt vagyok én is. Csak nagyi nincs.
   Minden más. Szemben, a Tora-Borában a lányok
   Elejtettek már mindenféle nagyvadat,
   S most az alfa-hímet üldözik;
   A bárpult mellett a fiúk, a fiúcskák
   Tudják, persze: Budán lakni világnézet,
   Buda közelebb van az éghez, mint szomszédai.
   Mennyei perspektíva: a bércről
   Mindig lefelé pillantunk,
   S ők, odaátról: fölfelé néznek, miránk.
   Persze, szeretjük a síkot,
   A sík nélkül semmi vagyunk.
   Alászállunk portyázni, akár
   Üzletelünk is az ottaniakkal.
   Szeretjük a síkot, legalábbis
   Módjával, távlatból: hűs panoráma!
   Kipihenten fülelünk:
   Ide nem hallatszik föl a lárma.

KÁLMÁN
   Az akvárium üvegén kitekintünk;
   Ez nem a domboldal dölyfe,
   Ez csupán kíváncsiság.

GYŐZŐ
   Pest, az a vérbő proletárvircsaft,
   Szaftos pletykák, rólam, rólad: a Hegyről.
   Odaát van a *műveletek* földje. Odaát is tudják,
   Buda nem műveleti terület.

KÁLMÁN
   Érzem az émelyítő, kis bizsergést:
   Már megint. Már megint kocsikat égetnek.

KÁLMÁN
   And yet the place retained a kind of charm,
   A real hill-fortress feel, the air of something
   Unmistakably protected, locked away.

GYŐZŐ
   An oasis of calm, you might say... It still is calm,
   Though now there is the White Box on the corner.
   And I am here too so it's just granny missing.
   All else is changed. The girls in the Tora-Bora
   Opposite us have done their big game hunting,
   And now pursue the nearest Alpha male;
   The boys at the bar, the kiddies, are convinced
   That, Buda hills being closer set to heaven,
   Living there makes them citizens of the world.
   Hills offer us the celestial perspective:
   One's always looking down from the high crags,
   While those below must look up here to see us.
   Naturally, we love the plain below,
   Without the plain we're nothing very much.
   Occasionally we make a sally there
   And even strike the odd deal with the natives.
   We love the flat plain, love its manners, at least
   From a distance; cool breeze, the panorama!
   We can relax while keeping our ears open:
   You don't get the loud street racket up here.

KÁLMÁN
   We peer out of our glass aquarium.
   That's not the vanity of living on a hillside,
   It's simply curiosity, that's all.

GYŐZŐ
   Pest, the big smoke, is full of labouring proles,
   Juicy with gossip about us on the hill.
   Down there the streets are cordoned off. Cops know
   They need not cordon streets off up in Buda.

KÁLMÁN
   I'm faintly aware of a sickening distant buzz:
   Here we go again: they're burning cars.

Már megint telefonfülkéket borogatnak.
Már megint a fülsértő szirénavijjogás.
Már megint könnygázfelhőben úszik az utca.

GYŐZŐ
A White Box nem vesz róla tudomást.
Ha eltörlik a földről a fél Budapestet,
Akkor sem vesz tudomást.
Ha Pest hulla; hogyha Buda is
Csak vegetál, vegetálgat majd,
Hogyha egész Budapest siralom lesz:
A White Box akkor is ajtót nyit a vendégeinek.

ROLAND *(Győzőnek)*
Milyen év, milyen év volt.

KÁLMÁN *(Rolandnak)*
Emlékszel Pestre? Emlékszel, milyen, mikor
A 2-es végigsiklik a kettős kordon mellett?...

GYŐZŐ
Szóra sem érdemes ország.
Agyalágyult, szóra sem érdemesítendő
Ülnökök és elnökök
Minden időben, minden színben...

KÁLMÁN
Szóra sem érdemes évjárat.

ROLAND
Szóra sem érdemesítendő idő. *(El)*

GYŐZŐ *(fölpillant a csillárra)*
Szóra sem érdemes égbolt,
Szóra sem érdemes égi lakókkal,
De alatta a hangulatos Budapest.

Here we go again: uproot that call-box.
Here we go again: the piercing sirens.
Here we go again: streets full of tear-gas.

GYŐZŐ
    The White Box wouldn't even notice it.
    They wouldn't notice it if half the city
    Were to be wiped clean off the face of the earth.
    Should Pest be full of corpses, should Buda itself
    Just vegetate, they'd go on vegetating,
    If the whole city were nothing but a graveyard
    The White Box would still welcome visitors.

ROLAND *(to Győző)*
    Ah, what a year, what a year that was!

KÁLMÁN *(to Roland)*
    Do you remember Pest? Remember when
    The Number 2 tram ran right along the cordon?

GYŐZŐ
    It's not a country worth wasting your breath on.
    Its mind is gone, don't waste good breath on it.
    Accountants, incumbents, presidents, residents,
    Of any hue, at any time you choose…

KÁLMÁN
    It's not a year to waste one single breath on.

ROLAND
    A whole era not worth wasting breath on. *(He goes)*

GYŐZŐ *(glancing up at the chandelier)*
    A whole sky up there not worth wasting breath on.
    A whole sky-nation not worth wasting breath on,
    And down below – romantic Budapest.

Translated by George Szirtes

G. ISTVÁN LÁSZLÓ

István László Géher (pen name: G. István László), was born in 1972 and is a poet and translator, working as an Associate Professor of English at the Department of Comparative Literature at the Károli G. University, Budapest. He holds degrees in Hungarian and English Literature from L. Eötvös University in Budapest. He was a member of the Cambridge Writer's Conference, 1999, the International Writing Programme in Iowa, 2007 and the International Writers Workshop in Hong Kong, 2008. In 2008 he gained a three months' scholarship in Schloss Solitude, Stuttgart, as a Fellow Writer. His selected poems are to be published in a German-Hungarian bilingual edition in autumn 2009. He has written six books of poetry, most recently *Homokfúga* (Fugue of Sand, 2008).

His translations of Plath, Dickinson, Shakespeare, Hughes and Yeats have appeared widely in journals and anthologies. His awards include a fellowship to the International Writers' House in Rhodes, The Móricz Grant, an NKA Literary Grant, The Babits Grant for Translation, the Radnóti and the Zelk awards for Poetry.

KRONOSZ

Irtózott a rendtől. Eloszlott benne,
villám hangjában a tűz ígérete,
képtelen volt satuba fogni lelkét.
Az elrendelés hangját elnyomja a láva, jóság
oda nem fér, Rheiát is úgy szerette csak,
hogy gerjedelme önkörébe zárja, igazi
indulat nem indít sorsokat, kezébe,
testét körbeérő fagyökérbe fogta,
meg se nézte. Aztán magára maradt, szeme is
fényesebb, ormótlan asszonyteste szétrepedt,
új arcot lökött a földre, övéhez hasonlót.
Le kellett nyelnie. A föltorlódást
megtartja a gyökér, ne éljen virágzás
elszakadva, törzse nélkül, védtelen parazsat
engedni izzásba, két üresség
között föleszmélni ne hagyjon halandót, istent
semmi kéj. Mert akármi örök élet
is, ha sorsba fér, nyugtalanít, mint
az ég-föld vonal a tengeren, beszorulva
anyja, apja közt, belülről parttalan. Rheia
mélyülő íriszében látta már, a rend
mit akar, minden új nemzedék kizárta
szívét. Gyerekre nézni, mintha fejében
szeme helyén valami szilárd sodrásra
találna két kő.

BURGER KING

Mintha fejük gesztenye lenne,
tűburkából kibújt barna fényrés,
esznek a férfiak.
Nem gondolnak nőre, végtelenre,
széthajtogatják az átzsírozott papírt,
a fehér szalvétán átüt a majonéz,
beleharapnak a hamburgerekbe,
ahogy a sebben bennragad a géz,

CHRONOS

He hated order. The promise of fire dissolved
inside him in the noise of thunder, he could not
bear his spirit being trapped in a vice.
Lava suppresses orders, goodness has no space there,
even Rhea he loved only so he could lock her
in the orbit of his appetite, true passion does not
decide people's fates, he imprisoned her
in his hands, in the tree-roots that formed about his body
and never even looked at her. Then she remained alone
her eyes still brighter till her clumsy female body cracked,
and she thrust a new face into mortality, a face like hers.
That, he had to swallow. His roots suppressed the rising
body, there was to be no flowering once broken,
without a trunk, no allowing a helpless ember
to start glowing, no sudden realisation between
two voids that one should not leave an heir or god,
no kind of pleasure. Because even immortal life,
when subject to fate, makes one nervous, like
the earth-sky horizon line on the sea, stuck between
mother and father, while shoreless within. He
saw it in Rhea's deepening iris, understood what order
required, that each new generation locked out
his heart. To look on children was like searching about
in a hard current and finding in place of your eyes
two stones.

Translated by George Szirtes

BURGER KING

As if their heads were conkers,
brown cracks of light pressing through split cases,
the men eat.
They don't think about women, the waiting years,
but unravel instead the grease-proof paper,
the mayo bleeding the white napkins,
and sink into the burgers,
pulling away like gauze from half-healed skin.

forog a szájukban az étel,
utat keres a szájpadlás körül,
mintha a nyeléssel megszületne,
esznek, egyedül.

A DZSUNGEL

Sötét volt, mint egy zongora
belseje, egy hangszer zengése fér
a szemedbe, mondtam, oktávokat
nézel át, zárt koporsóban készül
a hang, életre csak sírmélybe
lel, sosem mondtam, nézz
máshova, zengett a zongora,
felcsapott rám, oszlásnak indult
ígéretére minden. Most a sötét,
ha erdőknek megfelel, nekem miért ne?
Mondják, a nap is, mielőtt égre lépne,
dzsungelében időzik, sötétet gyűjt,
szemedből én, hogy hosszan égjen.

HALÁRUS

A halárus napja ez. Bóbitás fején
mint félreértett harci dísz billeg
a sapka, vevőjét félmozdulatra
felméri, találomra választ pontyot,
visszanőtt körme az akváriumlében
mindig újraázik – érezni kell
a hal fejét, az ezüst szemet
csak az érti meg, akinek

The food turns in their mouths,
gropes about the palate of bone
as if it might be born in this swallowing,
the men eat, alone.

Translated by Owen Sheers

THE JUNGLE

It was dark like the inside of a
piano, the twanging of the instrument
fills your eyes, I said you looked through
octaves, the sound is made in the closed
coffin, it comes to life in the depth
of the grave, I never said, please, look
somewhere else, the piano twanged,
swelling on me, the promise
dissolved my all. Now the dark –
if it's good to the wood, why not to me?
They say the sun, before stepping into the sky,
dwells in the jungle, gathers darkness,
so I do from your eyes, for persistent burning.

Translated by István Géher

FISHMONGER

This is his day. On the crest of his hair,
like some military mock-up,
his cap lists; he weighs up the punters
by their quickest flickers, pulls out carp quick snap,
keeps his in-growing fingernail stinging
in fish water –
        got to feel
the heads of the fish. The silvering eyes

kezében bárd, szívében az ütés
már előreszánt, aki kíméletében
kegyetlen, elvégzi, amit a sors kimért.
Tudja, melyik ujjpercnél megy át
a szeg vajkönnyedén, és ollóval
úgy vág el szemhéjat, ahogy más
salátát, zellert – ritkítja a szót,
az embert, egyenesít, megküzd, ha sért.
Szívén semmi kéreg, képzelj fát, ha üt,
lobog a geszt, ahogy a hal utolsó
kortyért küzdeni kezd, levegőt
harap vízért.

FŐPINCÉR

Erejét nem, használja célzott
figyelmét, dezodor-hangszínét, álmos
zenész, aki ütemekkel nem törődik,
rendezget, papírszemét, pecsétes terítő,
körmére lakként pöttyent viasz, vakon
teljesített küldetés, hosszúra nyúlt
ministráns-gyakorlat kellékei, ötös
fizet, csak épp a felmutatás helyén
jattosztás, keményített köszönések,
lúdtalpas, hanyag vigyázz, kimért
kiszámított szünetjelek.

Fejében arctemető, minden vendég
felett kaddistalan rítus, mintha ásna,
hozza az újabb köröket, koszorú-rendelés,
annyi gyomor, jól lakatni a földet,
hogy senki se lássa, újabb társaság,
elégikus póz, édes nevetés, ínyenc saláta.
Kiömlött a só, egy tányér elgurult,

only make sense to the man
with gut-knife in hand, in his gut his intent
to the cut; the man who does what he does
for us all, who does what he must, what is meant;
who knows the points at ankle, wrist,
to best hammer a nail in; who can fillet
a man easy as you'd ease open
one of these fish, who cuts the chat
to let his blade do the talking; tidy; fights when he hurts.
There is no bark around his heart. I mean picture a tree
nailed by lightning, the hanging flash of it aflame.
                                        No, I meant
the fish aflame in his hands, its last supper, its mouthing
for water in the air.

Translated by Antony Dunn

HEADWAITER

Not his strength; he employs his accurate
gaze, his deodorant-tone; a sleepy
musician disregarding his beat,
he moves things around – waste paper, stained table-cloths,
drips of wax varnishing his nails, a blindly
accomplished ritual among the paraphernalia
of the acolyte's long service.
                    Table five wants the bill.
There is no elevation of the host, but the palming of the tip,
starched thanks.
Flat footed. Casual attention, reserved,
measured rests.

In his head, the faces of his guests are a graveyard.
A ritual without *kaddish*, as if he's digging,
he brings in round upon round, the orders for *afters*.
So many stomachs for the earth to swallow down,
to inter, invisibly. A new company.
Elegiac pose, sweet laughter, the gourmet's salad of leaves.

minden ember hozzátartozó,
mindenki megboldogult.

A CUKRÁSZDÁBAN

A cukrászdában, a hideg márványkő
asztalra kigurult a marcipán. Csillog
a fogad, hamis ékkő, kávéíz, tompa
délután. Minden kérdés, amit felteszel,
ócska horog, bőr alá csíp, állott
cukorszaga lett a szádnak, a kérdéseid
között hüvelykujjaddal a másik kezed
gyűrűs ujjkörme alól piszkot kotorsz ki,
s ahogy szétpergeted, mintha gyurma volna,
ujjbegyeddel alakítani kezded a szemetet.
Hidd el, ha hánynék tőled, nem ülnék
itt veled. Hallgatom a fejfájós kérdéseket,
türelmesen, és unokákra gondolok, itt
ülnek a térdemen. Elfelejtenél értük
menni, csirkeaprólékkal tömnéd a fejüket,
apinak hívnál, előttük, csak mert úgy kedélyesebb.
Igen, és tokád is volna, zsírtalan, minden
kérdésedre megrezdülő lebernyeged.

Salt is spilled. A plate slips, falls.
Every one is family, every one bereaved.
Every one is happily deceased.

Translated by Antony Dunn

IN THE *CUKRÁSZDA*

The marzipan rolled along the cold marble-topped
table of the *cukrászda*. Your teeth sparkle
like fake jewels, the taste of coffee, a dull
afternoon. All you do is ask questions,
each a rusted hook snagging under the skin. Your mouth
smells of standing sugar, in the midst of your
questioning you fiddle with your thumb
picking dirt from under the nail of your ring finger.
Believe me, if you made me sick I would not
be sitting here with you. I patiently hear out questions
that make my head ache and think of grandchildren
sitting on my knee. You would forget to go
and fetch them, you'd stuff their mouth with giblets,
you'd call me pappy in front of them because it's 'nicer'.
Yes, and you'd have a double chin too, but not of fat,
your dewlap wobbling each time you asked a question.

Translated by George Szirtes

Cukrászda: There is no direct English equivalent, the closest being the German *konditorei*, a fancy cake shop *cum* café sometimes selling liqueurs.

LAKOMA

Olyan kíméletlenül sózod az ételt,
ahogy galambok nyakát tekerte ki,
aki megijedt tőlük a téren. Nyűg,
hogy enni kell. Terek tudnak
torlódni így, egy túlzsúfolt városban
turista-tempóval sorjáznak, utca
utcára tör – agresszív az ebéd.
Sózod a húst, kifehéríted,
lopott csendek, rágások között
pengevékony ajakkal szorítod a zsírt,
el nem hangzó kérdésre néma válasz.
Aki leszed, az lesz itt az úr, a morzsák,
cserepek, nyelések roncsai szerteszét,
terítve csak a csont, lepöttyögtetett abroszok,
a maradék, mint kettőzött szárny, repül,
elheverő testekben, legbelül, úttalanul.

A TÓ

Mintha csontból lett volna a víz,
gerincíve, bordája, lapockája hullámok
sodorvonalából állt össze testté.
Ebben én nem tudok úszni, mondtam.
Senki nem küldött, nem csalogatott.
A nap élessége, égre tetovált korong,
valami mélyebb vakságból sugárzott.
Nem kell megmerülni, nyugodt a felszín –
A tó, mint a túl hamar kiderült titok
unalmas lett és egyszerű. Tudtam,
hogy édes íze lesz, mégis a számban
sókristály kezdett pattogni, mint a robbanócukor.
Na hány fejed van? Kérdezte valaki.
Na hány? Csak egy. Akkor egyedül ugorj.
Mintha csontból lett volna a víz – rajta
fejesem árnyéka, röntgenképen a törés.

FEAST

You salt food within an inch of its life
the way the man who was frightened by pigeons
strangled them in the square. A grunt.
Food required. City squares can accumulate like this,
in an overcrowded place they multiply at tourist tempo,
street opens on street, meals turn aggressive.
You salt your meat, you blanch it
among stolen silences, between bites,
with razor thin lips you chew the fat,
nod dumb answers to unasked questions.
Whoever clears up will be master here, crumbs,
sherds, everywhere the wreckage of what has been swallowed,
the table laid with bones only, spattered tablecloths,
the leftovers like a pair of wings, fly on
deep in recumbent bodies, with no particular route.

Translated by George Szirtes

THE LAKE

The water seemed to be made of bone,
its body of spine, ribs and shoulder-blade
composed of waves, lines of the current.
Impossible to swim in this, I said.
No one had sent me or enticed me in.
The sharpness of the sun, a disc tattooed on the sky
radiated from some deeper blindness.
No need to dip in, the surface is unruffled –
The lake like a secret too soon discovered
had turned boring, simplistic. I knew
it would taste sweet and yet I felt the crackle
of salt-crystals in my mouth like popping candy.
So how many heads do you have? someone asked.
How many? Just the one. Then jump in alone.
The water seemed composed of bone and on it
the shadow of my head-on dive, the crack clear on the X-ray.

Translated by George Szirtes

ÁBRAHÁM

Nevetni kell az öregedő combon,
mikor a törzset támasztva biccen,
lejtőn lefelé caplat a síkon is,
a gyérülő szakáll, a ritkás szőrzet is
átlátszó réteg a test előtt, ahogy
a halál tudata hályog a lelken.
Kapaszkodj és nevess, ha vágyad
felvirágzik a gazból, megárvult, tél
eleji bimbó osztja a sorsot, indít
hegyomlást, nemzedéket, dudva
a szó, de belőle sarjad a sorstalanok
ígérete, sokasodni végre, hiába.
Nevess magadon és kapaszkodj
botodba és a mába, fogatlan
ínyed vigyorítsd öreg
combok közé, mintha kivájt tököt
szülne a szélbe Sára, a te öreg
arcod, mostantól azt vésed csecsemőre,
gyerekszájra, nevess, nevess Izsákra.

A MACSKA

Hasznára senkinek, a macska egér nélkül,
nem lehet, királyt őriznek így a halottas
ágyon, nézése, mint a fontos pillanat
visszája, átsegít, ha volna, halálon, tojástalan
gubbaszt, madárszerű az autó tetején,
a kukákon, valamit terjeszt, nem
betegség, csak a lelkiismeret alól
kapar fel, körmöt erősít újra, valami
nevezhetetlen időiszonyt, hogy itt,
ebben a párás tükörben nem telik,
ami rád néz, meg nem szólítana –
ennek a szemnek sosincs éjszaka,
árnyéktalan a fénye, mint az üres
vászon. Az az igazi arisztokrata,
aki a rohadó szőlő, pléhdoboz közül

ABRAHAM

You have to laugh at those aging thighs
when they sag a little propping up that torso,
they struggle even downhill on a slope,
the thinning beard, the sparse body-hair
a transparent layer to veil the body
the way the knowledge of death is a cataract on the soul.
Hang on and laugh if your desire should flower
among weeds, if the orphaned blossom of early
winter shares your fate and launches
an avalanche, a generation; the word is weed
but out of its loins springs a promise
to the fateless, to reproduce at last, in vain.
Laugh at yourself and hang on to your stick
as to the present day, grin with your toothless
gums between aged thighs, as if Sara were giving
birth into the wind, the child an uprooted marrow,
and carve your old face henceforth into the newborn
into its infant mouth and laugh, laugh at Isaac.

Translated by George Szirtes

THE CAT

Cats without mice are pointless, no use
to anyone, they guard kings on their deathbeds,
their gaze the farside of the significant moment
willing to help the fresh-from-the egg
bird-shaped mess on the car or the bins
to its death, to spread an infection that is not
a disease but scratches away under the skin
of conscience, to keep sharpening their nails
while feeling an aversion to time, disgusted
that what confronts them, here, in the misted mirror
does not fill it and cannot address them –
because there is no trace of night in those eyes,
which are light without shadow, bare as
plain canvas. The true aristocrats are those
who fossick among rotten grapes and tin cans

úgy túrja fel bárki kagylókonzerveit,
hogy a bajsza nem is ér oda, és
úgy eszik, éhségében is unottan,
ahogy az idő néz át a fákon.

ÚT AZ ŐSZBE

A taxi bőrhuzatú hátsó ülésén
úgy fészkelődtél be mellém, mint aki
tojást fog költeni. Talán bunda is
volt rajtad, egy szőrös madár, szivarozó
sofőrünk unott és szemtelen. Nyújtottad
a körmödet, ahogy egy ragadozó a zsákmányt
adja át, mit kezdjek vele? a lakkot
reszelgettem ujjam begyével, mint aki régen
erre vár. Sírt a víz az utcán, a sárhányókra
csapkodta fel, mintha gyufát sercentene egy-egy
utcasarok. Rágyújtottál te is, szipkád, mintha
íze lenne, hogy nem szólsz, szádon fityeg
és ragyog. Sosem viseltem el a terhes nőket.
Megül bennük a csend, mint a kő. Sosem kell
olyan álmos tekintet, amiben nem álmodik
semmi, csak az idő. Mert mit kell hátrahagyni? –
hány utca múlva szállunk ki a taxiból? Vannak
madarak, talán a pingvinek, ahol a fiókát
az apa költi ki, de jó nekünk. Beszélek
erről-arról, hogy mindjárt ott leszünk. Az út
végén bevallod, hogy sose akartál gyereket, valami
blues szól, nem szólok a sofőrnek, hogy kapcsolja ki.
Sürgős, persze, kórház. Ráncigállak, mintha
én lennék a szülész, kifelé, egy szűk taxiból.

to discover someone's jar of cockles
while their whiskers never get dirty,
who eat with indifference even when hungry,
the way time gazes through trees.

Translated by George Szirtes

THE ROAD TO AUTUMN

In the leather-covered back seat of the taxi
you nestled in beside me as if about
to lay an egg. You might even have been
wearing furs like a bird in a wrap, our driver
puffing at his cigar, bored and insolent. You extended
your nails the way a predator hands over
its prey, what's it to do with me? I rubbed
at the lacquer with the ball of my finger like someone
waiting a long time for this. The rain wept in the street,
sparking off mudguards as if each street corner
were lighting a match. You too lit your cigarillo as if
you could taste it, silent, glittering and twitching
in your mouth. I never could bear pregnant women.
The silence sits in them like a stone. I have never needed
that sleepy look at the heart of which nothing is dreaming
only time. What after all is there to bequeath to posterity?
How many more streets before we get out of the taxi. There are
birds, possibly penguins, where it is the father
that broods over the hatchlings, but we are fine as we are.
I talk of this or that, that we'll soon be there. When we arrive
you at last confess that you never wanted children. There's blues
of some sort playing, I don't ask the driver to turn it off.
Emergency of course, the hospital. I tug at you till
you're out as if I were delivering you from the narrow taxi.

Translated by George Szirtes

ANNA T. SZABÓ

ANNA T SZABÓ, poet, writer and translator was born in Transylvania (Romania) in 1972 and moved to Hungary in 1987. She studied English and Hungarian literature at the University of Budapest and received her PhD in English Renaissance literature in 2007. She was 23 when her first volume of poetry appeared, and received the Petőfi Prize (1996), founded for promising young poets. She has since published four more volumes of poetry and has received several literary prizes.

She has translated many poems and lyrics, essays, novels, drama, radio plays and librettos, and writes essays, newspaper articles and reviews. She also worked for the British Council as a co-leader of a translators' workshop in Budapest (2000-2004), as the co-editor of the homepage of the Hungarian Book Foundation and as a film critic and translator for the journal *Cinema* (1997-2007). She is currently the poetry editor of the literary journal *The Hungarian Quarterly* which publishes Hungarian literature and essays in English.

TÉLI NAPLÓ

1. Átkelés a síneken

Csak ameddig megszűnnek az irányok.
Kilobbant gyertya: mozdulatlan állok.

Most kétfelől egyszerre fúj a szél,
kétoldalt kétfelé két fal robog,
alattam kattog, dübörög, morog,
hullámot vet a kétlépésnyi tér,
sárgán, fenyegetően csikorog
karnyújtásnyira a két villamos,
és ahogy kicsit dőlnek a kanyarban
a kétirányú párhuzamosok,
sebes tömegük szinte összeér.
Émelygek, szédülök, minden forog,
fenn az esti ég, lenn az utcakő,
két fénycsík száguld előttem, mögöttem,
kettős kanyarba dől be az idő,
és látnom kell, nem hunyhatok szemet,
forog a sokirányú szédület,
forog bennem az ismeretlen örvény,
ahogy állok a morgó senkiföldjén,
beszorítva két mozgó fal közé.
Ötven másodperc már az ördögé.

Egy pillanat, és helyredöccen minden.
Ismét lesz fent, lent, jobbra, balra, kinn, benn.
Örvény helyett: tér, jövő és szabadság.

A kerekek nyivognak, mint a macskák.

2. Szobrok, liget

Tar fák felett fut a vágtató bronzló.
A tág ég alatt mélybe visz a lépcső.
A föld alól, a légaknákon át,
felhallatszik a hangos csattogás.
Nyirkosan terped a napsárga fürdő.
Nyírt bokrai közt tekereg a forró
medencegőz, a testek páraszobra.

WINTER DIARY

1. Across the Rails

Just now, there are no directions.
Wind blows and battles from both sides at once,
and – a candle – I gutter. I stand very still

and on both sides the passing walls tremble
and this narrow space buffets and booms,
and the ground bloats and billows under my feet,
and the trams are a threat. It is clear from the creak
they are much too close, parallel on both sides.
They lean in on the turn
and their bulks seem almost to touch.

I am sickened and silly, and everything spins,
the sky, the road under my feet –
two strips of light gush in front and behind
and time curves in with its doubled dark –
something empty circling inside me,
as I stand in this rumbling no-man's land,
these two moving walls squeezing out where I stand.
Fifty seconds, damned to this hell!

A moment, and everything will jerk back:
there will be up and down and out and in,
instead of this vortex: this darkening spin.

The wheels cry out like cats.

2. Statues / Park

A bronze horse beneath empty trees,
the underground's descending stairs –
and underneath the park's blank sky
the vent-shafts clatter, roar and sigh.

The summer-gold bath lost in haze.
By crippled shrubs see pool-steam rise,

Kéktollú varjak turkálják a rothadt,
megfeketedett tavalyi avart.

Csak ameddig a rövid séta tart.

3. A FA KÖRÜL

Ólmos esőben párzanak a macskák.
A fény éjféli szőrükre fagyott.
Forrón vernyogó februári koncert.
Vadállatok.

Meg-megroppan az ezüstös üvegfa.
Csak ameddig elalszom. Hallgatom.
Könyörögnek és karmolnak alatta.
A test, a fájdalom.

Csak ezt. És újra. Fagyban és sötétben
lüktető kicsi húsgolyók fogannak.
Oktalan állatok. Vad célszerűség.
De vannak.

4. NAPSUGÁR PUB

Lila függöny. Kint sárbarna a nád.
A súrlófénytől fellazult bugák
zászlósan dőlve egy irányban állnak,
és lengenek a hosszú fűzfaágak:
Agárdot átmossa a déli szél.

Csak ameddig a vonat odaér.

Addig alszik a karjaim között.
Hajából verejtékillat gőzölög,
tiszta gyerekszag. Idebújik hozzám.
Tűhegynyi cseppek fénylenek az orrán.

A fülkét átmossa a déli nap.
Horkanva, megbűvölten alszanak

make mist-statues: they dissolve, breathe.
Ink-feathered crows peck rotten leaves,

only until the short walk lasts...

3. Around the Tree

In the ice-storm these cats now mate,
light frozen on their soft, black skins.
They stage their hot, furred winter show,
wild things.

The silvered glass-tree snaps and cracks.
I listen, until sleep defeats
these sounds, that sound like prayers and cries,
pained meat.

Just this. Again. From frost and dark
begins the kitten. Life persists.
This brutish sex obliterates,
exists.

4. The Sunlight Bar

An indigo curtain. Outside coffee-coloured reeds –
their brush-tips loosened to bend one way,
like flags – and the willow boughs quiver.
Agard is washed with warm wind.

Only until the train arrives...

Until then he is dozing in my arms,
perspiration steaming from his hair,
that innocent scent. He hugs me.
Tiny beads bubble on his nose.

The compartment is bathed in midday light.
Travellers sleep deeply, under some spell.

az utasok. A nyúzott arcú lány
elnyitja száját, fény villog fogán.

Napsugár Pub. Csak villanásra látom
a cégtáblát a sárga parti házon,
és dől is a nap, kortyolok belőle
ahogy szemközt a tükörnek verődve
arcomba csap. Lehunyom a szemem.

Megköt és megtart. Mint a szerelem.

5. A LÉPCSŐN

Senki sem ugrott le a lejtős gangról
az udvar keramitkockáira:
a cselédlépcsőn indultunk el inkább,
az ötödikről megyünk lefele.

Lép, lépeget a barátnőm előttem,
két órája harminckét évesen.
Botorkálunk a meredek sötétben,
ördög örvénye, őrült szerelem.

Átbeszéltük a megvitathatókat,
de az érzelmek sosem józanok.
Kettőnk közt nem dől el, mit kettejük közt
kavartak ismeretlen démonok.

Még lüktetően megoldatlan minden.
Már semmiségekről beszélgetünk.
Itt nem segít a szeretet, a hit sem.
Ereszkedünk.

Én elmegyek. Ő meg majd feltörli végre
a mosógép okádta szennyvizet.

Csak amíg beülök a taxiba.
Hideg.

The tired girl loosens her mouth a little.
The sun winks on her teeth.

Napsugár Pub. For a moment I catch
the name on the saffron board on the shore,
and the sun pours indeed – I sip it gladly.
It reflects off the mirror; strikes my face.

I close my eyes. How he binds
and supports me! Like love, I guess.

5. On the Stairs

No one tumbled to the courtyard
from the outside corridor –
we descended down the back stairs,
spiralling from the fifth floor,

and my dear friend went before me –
for two hours now thirty two –
down into the hellish darkness,
into things that lovers do.

We said all the things we could say,
but emotions are not sane.
We made no sense of that devilish
thing that stirs – her, him, and pain,

and the pain remains unsolved still,
but we moved onto small-talk.
Neither love, nor faith could help us.
We descended as we walked.

Now I leave. She'll mop dark water
her washing machine won't hold:
spins and slops. I'm in the cab now.

It's cold.

6. Növénynek lenni

Bokros hibiszkusz. Neki dől a fény.
Érzi, hogy kicsit langyos az üveg.
Ideje, léte más, mint az enyém.
A fénynek dől, és virágot növeszt.
Felette borzas porcsinrózsa lóg,
virága helyén bolyhos vattaszálak.
És terebélyes mikulásvirág:
fellevél, álvirágzat.
De bibés, sárga, igazi virága
közén ragyogó gömbben, fényesen vár a nektár.

Kint még hó. Benn a dzsungel.
Ablaknál állok. Csend van. Süt a nap.
Iránytalanul boldog pillanat.

Lélegezni.
Minden van, semmi sem kell.
Mint a hibiszkusz: élek.
Behunyt szemmel.

Csak amíg innen elszólítanak.

AZT MONDJUK: TŰZ
„Miféle lélek és miféle fény"
Attila József

Azt mondjuk: hús. Pedig a húsodat
nem ismerem. Nincsen hozzá közöm.
Csak véres, rejtett, romlandó anyag.

Azt mondjuk: csont. Bújok, tapogatom:
tudom a tökéletes szerkezet
ízelt mozgását, de mégsem te vagy.

6. To Be a Plant

Plump hibiscus. The sun pours only for her!
She feels the windowsill is blood-warm.
Her time and being is different from mine.
She tends towards light. Fattens her buds.

Above her a purslane dangles – places
where the blooms died turned to balls of cotton –
and the big poinsettia, leaves faking as flowers.
In the centres its real, lemon blossoms huddle.
Nectar jewels wobble in flawless globes.

Outside snow. Inside jungle.
I stand at the window in the silence, the shaft of sun,
this moment of happiness that leads me nowhere.

Just breathe.
Everything exists, but I need nothing.
I'm alive with my eyes closed,
as the hibiscus:

only until I am called from here...

Translated by Clare Pollard

FIRE, WE SAY
"What kind of spirit, what sort of fire?"
                                Attila József

Flesh, we say. Though I don't know
your flesh. It isn't mine to know,
merely hidden, bloody, decaying stuff.

Bone, we say. I hide and lightly touch:
I know its articulation, its perfect
mechanism but it isn't you, not half enough.

Azt mondjuk: szem. Az ajkaimmal érzem
rezgő mozgását szemhéjad alatt.

A szád belseje, finom, rózsaszín
selymességeid, ahol lüktető
meleged lángja átsejlik a hártyán,
örvényes köldököd, lábujjaid
közén a titkos völgyek, füled spirális
ösvényei, a kulcscsont és a váll
közötti bölcső, ahol illatodban
alhatom, harapnivaló izmaid,
forróságod, izgalmad, markolásod,
a friss verejték bódító szagától
megvadult ölelésed – nem te vagy.

Eleven láng vagy! Csontból, húsból, vérből
előlobogsz, romolhatatlanul,
a mozgás vagy, a legfőbb mozgató,
és csak fészekként használod a tested,
a testemet, hogy továbblökd magad,
éljen a semmi is, és égig ég,
éltet, betölt, és már forrása sincs –

azt mondjuk: tűz, és azt érezzük: éget.

A MAI NAP
„Ahol én fekszem, az az ágyad"
Attila József

1.

Képzeld, mi történt. Kora délelőtt,
amint utaztam új lakást keresni,
és azon tűnődtem, hogyan tovább,
míg üres szemmel bámultam a boltok

Eyes, we say. My lips feel the rapid
trembling motion of your eye beneath the lid.

Inside your mouth the gentle pink
silkinesses where your body heat
pulses, transfusing tissue,
the eddies of your navel, the secret
valleys between your toes, the spiral
windings of your ears, the cradle
of collarbone and shoulder-blade
where I can drown in your scent
and sleep, those muscles of yours
so toothsome, your heat, your excitement,
the overpowering smell of fresh sweat,
your fierce tight embrace – still none of that is you.

You are living flame. Bone, flesh and blood,
you blaze where decay may not touch you,
you are movement itself, the prime mover,
occupying your body as you might a nest,
my body too, the way that you push onward,
let nothingness too have life, let flame lick sky,
it powers and fills, with no source left to light it –

fire, we say: what we feel is the burning.

Translated by George Szirtes

THIS DAY
'Wherever I lie is your bed'
           Attila József

1.

Imagine this. It was early afternoon
and I was out looking for a new apartment
wondering as I went, what next to do,
while staring vacantly at January stores

januári, kopott kirakatát,
és annyi minden eszembe jutott –

hirtelen tényleg csak a semmit láttam:
a házak közül épp kirobogott
a villamos, a hídra ráfutott,
s a megszokott szép tágasság helyett
köd várt a láthatatlan víz felett –
döbbenten álltam.

Köd mindenütt: a szorongás maga
ez a szűk, hideg, fehér éjszaka;
éreztem, hogy most ez az életem:
hogy gyorsan megy, de nem én vezetem,
hogy megtörténik, de mégsem velem,
hogy ott a látvány, s mégsem láthatom,
hogy sínen megyek, biztos járaton,
de hídon: földön, vízen, levegőben,
és felhőben is, mint a repülőben,
s a valóságnak nincs egyéb jele,
mint kezemben a korlát hidege.

Két hosszú perc, míg újra volt mit látni.
És most úgy érzem, megtörténhet bármi.

2.

Hogy folyt a könnyem! Nem tudtam, mi van,
csak feküdtem alattad boldogan.
Egy másik város, egy régi lakás.
És ezután már soha semmi más.

Elvesztettem, de megtaláltalak.
Csak azt vesztettem el, mi megmarad.
Nem az ég nyílt meg, hanem az ölem.
Jöttél az úton, indultál velem.

their worn-out goods, their seasonal display
and thought of many things along the way –

suddenly everything vanished:
the tram clattered between the houses, over
the bridge, and instead of broad
vistas of river and road
dense fog hung over invisible water –
I stood astonished.

Fog everywhere: anxiety was a tight
cold sleepless night;
that's my life I thought and felt it glide
swiftly away but I wasn't part of the ride;
my life went on without me inside.
I felt it all but saw nothing anywhere
of the rails I was speeding on
safe across the bridge, on water, ground or air,
in the clouds or a plane high above land
with all assurance of reality gone
but for the cold metal barrier in my hand.

Nothing new then for two long minutes, no less.
And anything might happen now I guess.

    2.

How my tears flowed! I couldn't tell why they flowed
I simply lay beneath you, bearing my load
of happiness. Another apartment. Another town, then
nothing after it, nothing ever again.

I lost that but found you. I lost no more
than what remains. It wasn't heaven's door
that opened but my body. So we meet.
You come and we make our way along the street.

3.

Levágott hajad sepregetem össze.
Tizenhat éve együtt. Hány helyen.
Terek, lakások. Nézegetem: őszül.
Jaj, életem.

Szemétlapátra. Hogy lehet kidobni?
Inkább szálanként összegyűjteném.
Jó, tudom: soha semmit se dobok ki.
De hát: enyém!

Fenyőtűk közte. Nyáron napraforgó
pöndör szirmai. Hogy hull minden el.
Forog a föld is velünk, körbe-körbe.
Nem érdekel.

4.

Nem érdekel csak a nyakad, a vállad.
Ahogy megyünk egy téli hídon át,
összefogódzva. Ahogy hazavárlak.
Csak vándor hordja hátán otthonát.

Nem érdekel, hogy hol leszünk, csak együtt.
A csupasz padlón, széken, asztalon.
Én nem akarok igazán, csak egyet,
de azt nagyon.

5.

Képzeld, mi történt. Érzem, hogy öregszem.
Házunk a várunk, így gondolkozom.
Pedig nem kősziklára építettünk,
hanem utazunk, egymás melegében,
a ködös hídon, egy villamoson.

És azt érzem, hogy megtörténhet bármi,
mint akkor, ott, az első éjjelen.

3.

I sweep up the waste cuttings of your hair.
Sixteen years together, everywhere.
Squares and apartments. I note a few grey strands.
My life lies there.

Into the pan with them. Are they for disposal?
I'd sooner collect them all, however fine.
Yes, yes I know, I don't throw things away.
But, well, they're mine.

Some pine needles among them. In summer
light sunflower petals. How things drift and fall.
The earth continues spinning. Does it matter?
No, not at all.

4.

Who cares what happens: your neck and shoulder alone
interest me as we cross the bridge in the snow
clutching each other. I will expect you home.
Only tramps take their houses with them wherever they go.

I don't care where we are as long as we are together.
A bare floor, a few chairs and a single table.
There's only one thing I desire, no other,
but that one thing is indispensable.

5.

Imagine this. I feel I am growing older.
Our home is a fortress: that's the way I am,
Though the edifice is founded on no rock.
Instead we're travelling in each other's warmth
across the fogbound bridge inside the tram.

And anything might happen, I suppose,
the way it did that first night there, back then.

Pedig csak sín visz. Köd van. Ki kell várni.
Ahova te mész, oda jöjj velem.

SZÜLŐSZOBA

A folyosón megyek, könnyem potyog
a linóleumra. A hormonok.
Bennem a gyermek kínban mocorog,
mint szoruló ököl, a méh löki,
préseli ki.

Nagyobb erőknek hullámára dobva
kapaszkodom székekbe, asztalokba,
feszít, forgat a fájdalom.
Vigyen, hagyom.

*

Az állat vackán szülhet, de a nők
együtt kínlódnak. A szülőszobában,
a nyújtott, többszólamú jajgatásban,
a szűk sötétben, csecsemők
furakodnak halálra váltan.

*

Mint a démon, a kín gazdát keres,
elkap, megszáll, a lényed része lesz,
már ő vagy: lüktető, határtalan –
két perc, és vége van.

És megint sodor, mint a víz, a szél,
barbár, lét előtti nyelven beszél,
ömlik a szádon, ősi jajgatás,
a másvilági gyász.

Though there are only rails and fog. Who knows.
Wherever you go now, come with me again.

Translated by George Szirtes

THE LABOUR WARD

I walk along the corridor, my tears
falling on the lino floor. The hormones.
In pain, the child inside me moves about.
The womb like a clenched fist pushes him,
squeezes him out.

Borne forward on a wave of mighty forces
I clutch at tables and chairs.
Pain stretches me, spins me, makes me twist.
Let it: I won't resist.

*

Animals whelp in their dens. Women, though,
must suffer together. In the labour ward,
babies – through the dark straits,
in mortal strife, to the sound
of a long, drawn-out, polyphonic wail –
inch forward.

*

Pain's like a demon, it seeks an object,
seizes you, takes you over, gets to be part of you.
Already you are it:
pulsating and endless – and over in two minutes.

And again it bears you, like water, like the wind.
The language it speaks is barbarous, primeval.
It pours from your mouth, an immemorial wail,
an otherworldly keening.

Siratod őt és az utódait,
kiket a kínod világra taszít,
táplálékul tolongó démonoknak –
itt vannak már,
kapudnál várakoznak.

*

Kis csupasz csigabiga, gyere ki,
hánykódik házad, jajgat ideki,
vörös lángnyelv dől ki az ajtaján,
bújj ki, gyere, síkos csigabigám!

*

Gyermek, te súly, te izzó vas, te kő,
gyere elő, könyörgöm! Bújj elő!
Szétfeszítesz és kifeszítelek,
csusszanj elő, te arctalan gyerek!

*

Húz. Lök. Feszít. Te semmit nem tehetsz.
Már hét órája. Széttép. Lélegezz.

Fohászkodni? Vagy káromkodni? Nem.
Túl nagy hozzá a kín. Túl idegen.

*

Ne tarts ellen, add át magad,
ez a szenvedés nem te vagy,
de ez az óra csak tied:
nem szülheti meg senki más
a gyermeked.

*

Erre születtem. Erre vártam.
Hogy mozogjon az ajándék-gyermek

You cry for him, as well as for his seed,
as your pain pushes him into the world
to feed the thronging demons –
here they are now,
at your gate, waiting.

*

Bare little slippery snail, do come out.
Your home, it is wailing and tossed all about.
From its door there is pouring a rush of red flame.
Come on out, little snail, come slither in slime!

*

Oh child, you dead weight, you hot iron, you stone,
come forth now, I beg you, creep out on your own.
You stretch me apart, I am stretching you too.
Slither out now, my faceless one, you!

*

It pulls you. Thrusts. Stretches. You can do nothing.
Seven hours. It pulls you apart. Keep breathing.

To pray? To curse? Neither one, no.
There's too much pain. It's too alien now.

*

Don't fight against it, just let go.
This suffering, it isn't you.
Yet this hour is yours alone:
nobody but you can bear
your child, your son.

*

I was born for this. I expected it.
The gift of a child – that it might move

testem vergődő kosarában.
A szorongató belső térből
géprol hallom a szívverését.
Sebesen lüktet, akadozva:
fejével tolva, nyomakodva
tágítja kijárata rését.

*

Viaskodni a lihegéssel.
Egész testemmel lélegezni.
Beáramlik az oxigén,
kiárad a fekete semmi.

*

Előbb csak fáj, de tűrhető,
kezelhető... De egyre nő,
árad, túlcsap a tudaton,
mindent átható hatalom,
a nőből farkas lesz, tutul,
ökle a vaságyra szorul,
már homlokig a vízben áll,
már segítségért kiabál,
víz alól hangtalan sikoltva,
mintha utolsó perce volna –
de most a fájás, mint a hullám,
átbukik, önmagába hullván,
és messzefut, ki tudja, merre.
A szünet lélegzetnyi kegyelme.

*

Jó, hogy nem vagyok egyedül.
Támogatnak, segítenek.
Felitatják a véremet,
simogatják a kezemet.

Fekete hullámok között
korty levegőért kapkodok.

in the body's writhing basket.
From the contracting inner space
I hear, on the monitor, his heartbeat.
It pulsates quickly, in fits and starts:
pushing with his head, lunging forward,
widening the exit.

    *

I struggle, panting. I breathe
with my whole body, an air spout.
Oxygen flooding in,
black nothingness floating out.

    *

It hurts, to start with, yet you manage.
It's bearable... But then it grows,
flows surging through your consciousness,
engrossing everything. It turns
a woman to a wolf that howls.
Her fist clenched on the bedstead,
she's now in water to her brows,
crying for help, from under water
shouting, screaming silently,
as if her time had all run out –
but now the pain comes in a wave,
rolls over, falls upon itself
and flees – where? Far away – who knows?
A moment's breath, the grace of a pause.

    *

Good that I'm not alone.
I have support, I'm helped.
My blood is wiped away.
My hands are held, caressed.

There, amid black waves,
I clutch at, gulp the air.

Még nem, még nem segíthetek.
Csak tarthatok, nem tolhatok.

Mint egy rémült hajótörött
testem hánykódó tutaján:
a síkos deszkára tapad
a gyermekem. A kisbabám.

*

A fájdalom nem testi már.
Mint földtani teknőt, kiváj.
Mozgás: helyhez nem köthető.
Tomboló elemi erő.

*

Löki, döngeti ajtaját
a levegős, tág külvilágnak:
egy gyermek teljes erejéből
ellenszegül a pusztulásnak.

Átcsúszik majd a tű fokán
nagy feje, csontos tömege.
Ha átjutott, csak fekszik ott:
rémületében zárva még
az ökle, a szeme.

ELHAGY

Elárul és elhagy.
Kilök magából és elhagy.
Önmagát adja ennem és elhagy.
Ringat és elhagy.
Talpam simogatja, fenekem törüli,
hajamat fésüli, elhagy.

Not yet, not yet, I can't.
I can hold, just can't push.

Scared, shipwrecked, on the raft
of my body tossed about,
he clings to the slippery plank:
my child. My baby boy.

*

The pain's no longer physical. I am
a basin it has carved out of the earth.
Just movement: can't be bounded by one place.
It is a raging, elemental force.

*

Thrusting, he bangs on the door
of the wide world outside, full of air:
a child fighting off destruction
with all his force and fear.

His large head and bony bulk
will pass through the eye of a needle, but,
once they are through, there he just lies –
terrified, fists and eyes
still shut.

Translated by Clive Wilmer and George Gömöri

SHE LEAVES ME

She betrays me, she leaves me.
She pushes me out of herself, and leaves me.
She offers herself to feed on, and leaves me.
She rocks me and she leaves me.
Wipes my bottom, combs my hair,
caresses the soles of my feet, but leaves me.

Orrom az illatát issza, ölel:
„Soha nem hagylak el!" Elhagy.
Áltat, mosolyog, súgja: „Ne félj!"
Félek és fázom, és elhagy.
Este lefekszik az ágyra velem,
azután kioson és elhagy.
Nagy, meleg, eleven, fészekadó,
csókol és dúdol és elhagy.
Cukorral tölti a két tenyerem,
tessék, ehetem: elhagy.
Sírok és ordítok, úgy szorítom:
foghatom, üthetem, elhagy.
Csukja az ajtót és hátra se néz,
nem vagyok senki, ha elhagy.
Várom, ahogy remegő kutya vár:
jön, ölel, símogat, elhagy.
Ő kell, mert nélküle élni halál,
felemel, melegít, elhagy.
Ketrec a karja, de ház az öle,
vágynék vissza, de elhagy.
Egy csak a lecke: nem ő vagyok én,
idegen, idegen, elhagy.

Ott a világ, lesz más, aki vár!
Lesz majd benne, kit elhagyj.
Csukd be az ajtót, vissza se nézz:
várni a könnyebb, menni nehéz,
lesz, ki elárul, lesz, ki elárvul,
mindig lesz, aki vár, aki fél,
mindig lesz, aki vissza se tér,
megszül, és meghal, és elhagy.

My nose drinks in her fragrance, how she hugs me:
she says, 'I'll never leave you!' And she leaves me.
She tricks me: smiling, whispers 'Don't be scared!'
I *am* scared, and I'm cold, and yet she leaves me.
She lies down on the bed with me at evening,
but soon enough she slips away and leaves me.
She is so big, so warm, alive, a nest,
she kisses me, and hums to me, and leaves me.
She presses sweets into my open palms
and 'There you are, eat now,' she says, and leaves me.
I cry and howl and press her frame to mine;
I can hold her, hit her too; and yet she leaves me.
She shuts the door, does not look back at all,
I'm nothing when she leaves me.
I wait for her return, a cringing cur:
she then arrives and strokes me, and she leaves me.
I need her – it is death to live without her –
she picks me up to warm me, and she leaves me.
Her arms make up a cage, her lap's a house;
I'd love to go back in there, but she leaves me.
I come to one conclusion: I'm not her:
a stranger, she's a stranger, and she leaves me.

Out there's the world, where someone will be waiting!
For you, there will be someone there to leave.
Don't look back. Shut the door. You know
how easy it is to wait, how hard to go.
Some you'll grieve, others will deceive you,
some will wait, others fear your lack,
and some there'll always be who don't come back:
they give you life, but then they die and leave you.

Translated by Clive Wilmer and George Gömöri

AUTOFÓKUSZ

Az önműködő látvány: kavicsok
a tengerparton, mikor az eső
megszínesíti őket, őszi lomb
mozaikja a sötét víz színén,
vagy karmos, száraz platánlevelek
megugró árnyéka az érdes aszfalt
kirajzolódó göröngyei közt
egy kanyarodó autó hirtelen
fénypászmájában – látok, rögzítek,
exponál a szem, az emlékezet
teszi a dolgát, sodródik a kép,
a rengeteg kép, mint sötét eső-
felhők hullámló búzaföld felett:
üveg mögött fut a busz- vagy vonat-
ablakkeretbe szorított vidék,
a látvány tárlóját a hangtalan
és láthatatlan szél átrendezi,
a felhő alakot vált, módosul
a búzakalászok dőlésszöge,
és pillanatról pillanatra más
képet mutat a száguldó keret:
árnyékmozaik és levélgöröngy,
lombsötét víz, platánfény – a szavak
egymásba csúsznak, a látvány szele
egymásba fújja őket, elrobog
a perc, új képre vált a régi kép,
egymásravetül, szétcsúszik, a szem
fókuszál, exponál, ha lehunyom
egy összevissza mozi kavarog
a sötét hívóvízben, képszavak,
forgószélmúzeum, ahol a volt: van.

AUTOFOCUS

Seen automatically: pebbles
coloured by rain on the seashore,
autumn leaves a mosaic laid
on the surface of dark water,
or else a jutting shadow
of dry maple-leaves clawed
among the lumps of asphalt,
rugged, sharply outlined
in the sudden beam of a car
turning around – I see, and fix in the mind,
the eyes make an exposure, as for memory
it does its business, images drift,
innumerable images, something like
dark rainclouds over a field of undulant wheat:
passing scenery pressed into the window
of bus or train is running behind glass,
the lay-out rearranged
by soundless invisible wind,
cloud changing shape, the angle
wheat bends at modified, and in each
succeeding moment different pictures
displayed in the rushing frame:
shadow-mosaic and leaf-clot,
leaf-dark water, maple-light – the words
slide into one another, the wind of sight
blows them into a compound, the moment
dashes away – projected on one another,
sliding apart, old images turn into new,
my eyes seek focus, make an exposure, I close them
and in dark developer a scrambled film
is swirling, word-pictures, whirlwind museum,
where what was now is.

Translated by Clive Wilmer and George Gömöri

KAMASZOK

Pereg az eső, némafilm:
cseppek futnak az üvegen,
csak a monoton dobolás,
az egyritmusú, idegen
zongoraszó a kis, sötét,
verejtékszagú moziban,
fekete-fehér szerelem,
félig hunyt pillákon a könny,
tapogatózó ölelés,
a vásznon szemcsés este van,
a reflektorban víz szitál,
ahogy üveg mögött a táj
suhan sötéten, titkosan,
fénykévében kereng a por,
hátsó ülés, kemény fapad,
perceg a soha semmikor,
valami valcert játszanak,
kerék forog, eső matat,
a szélvédőn fut lefelé,
ahogy szorít, ahogy tapad,
az megmarad, de senkié,
mindenkié, eljött, ez az:
a villanás, a pillanat,
a forró, édes és erős,
egybefolyik a kinn, a benn,
mert aki másnak ismerős,
az magának lesz idegen –
mégis dobol a néma vér,
kering a tér,
igen, igen.

KÓRHÁZABLAK

A most. A percek dallama.
A kint és bent kétszólama.
A hűs, a zsongó éji lomb.
Őszidő. Ág-síp. Lomb-doromb.

ADOLESCENTS

Rain trickles, a silent film:
the drops run down the pane,
a drumming monotone –
in a dark, poky cinema
reeking of sweat, an alien
monorhythmic piano-tune –
love here is in black and white,
on drooping eyelashes teardrops
and a touch fumblingly tentative,
on the screen it's a grainy night –
drizzle seen through headlights
as the landscape outside the window
slides away dark and secretive,
dust swirls in a sheaf of light,
back seat it is, hard wooden bench,
this is the never-land rolling,
some sort of waltz being played,
wheels rolling, then rain tapping
and running on down the windscreen,
the way it squeezes and sticks to you –
it is *that* remains, it is no one's,
it is everyone's, here, that's it:
there's a flash, this is the moment,
inside and outside mingling,
it's hot and sweet, and it's strong,
for whoever is known to another
is self-estranged none the less –
yet the dumb blood still keeps drumming,
space whirling, oh yes, yes.

Translated by Clive Wilmer and George Gömöri

HOSPITAL WINDOW

The now. The melody of moments.
Exterior and interior voices.
The cool whisper of leaves at night.
Autumnal. Branch-flute. Leaf sighs.

Pergő szelek. Falatnyi ég.
Fényrácsok. Köd. Nyirkos sötét.
Nagy, csapzott tollú madarak.
Szántón a rög. Űrben a nap.

Lüktetés. Csontok. Idegek.
Barlangok. Kútmély üregek.
Tetők. Ablakok. Házfalak.
Visszhang ürese. Pinceszag.

Még lenni kéne, lenni, lenni.

A most. A kint. A bent. A semmi.

HIDEG FÉNY

Sárga ég és sárga ablak,
havas tetőn macska jár,
kettéreccsent törzs tövébe
cinkét lök a fagyhalál.

Ritkás repkény morzsolgatja
leveléről a jeget.
Görcsös akácfa karistol,
markolja a felleget.

Ezt megtartja, azt taszítja
az alkony erőtere.
Lassításban zuhanunk a
még hidegebb éj fele.

Winds flutter. A bite of sky.
Mist. Dark damp. Bars of light.
Great birds, matted wings spread wide.
Ploughland clods. Sun in a void.

A beating pulse. Bones. Nerves.
Hollows deep as wells. Caves.
Roofs. Windows. House-walls.
Echo-emptiness. Cellar smells.

And yet desire for being, being...

The now. The out. The in. The nothing.

Translated by Clive Wilmer and George Gomori

COLD LIGHT

Yellow sky and yellow window,
snowy roof, cat climbs the wall,
frozen blue tit hits a tree trunk
in a fatal icy fall.

Ice-bound ivy tries to crumble
frost flakes from its tendril-tip.
A disgruntled gnarled acacia
holds a snow-cloud in its grip.

The dynamics of the sunset
push us far, or hold us tight.
We are tumbling in slow motion
into ever colder night.

Translated by Peter Zollman

UTAZÓMAGASSÁG
Lackfi Jánosnak

Az ég teli van gyermeknevetéssel.
Szép lányok lépnek a szelek felett,
siklanak, mint az angyalok. No, nézz fel:
hallgasd, ahogy a lomb közt jár a szél,
hogy sodródnak a tépett fellegek –
az ég teli van gyermeknevetéssel:
ösvényként hosszú kondenzcsík lebeg.

Ott járnak ők az ég tág útjain,
eszük a mélységét nem éri még fel –
siklanak égi jégmezők felett,
és kakaóznak, vagy veszekszenek –
az ég teli van gyermeknevetéssel.

CRUISING ALTITUDE
   for János Lackfi

Children's laughter fills the sky.
Women strut above the breeze,
glide like angels. Just look high:
listen, for the wind through trees,
how the shredded clouds drift past.
Children's laughter fills the sky,
condensation trails sail by.

Depths pass over people's heads,
wide paths slide beneath the flight.
Heaven's icebergs watch them fly:
drinking cocoa, starting fights.
Children's laughter fills the sky.

Translated by Clare Pollard

TAMÁS JÓNÁS

TAMÁS JÓNÁS was born to a Roma family in the derelict city of Ózd in Northern Hungary, a dinosaur of the forced industrialisation of the "socialist" Hungary of the '50s. Of his childhood, he wrote an autobiographical work entitled *Cigányidők* (Gypsy Times, 1997, published in German with the title Als ich noch Zigeuner war). The first part of this book is a diary in which the 21-year-old poet tells the story of the 4-year-old child who finds himself in an institute after his parents are taken to debtors' prison.

Today Jónás lives in Budapest with his wife and two sons.

KÍSÉRLETEZÉS

Belevágok a testembe, belevágok egy embert.
Szörnyű az énnekem: mi mindenre vágyom.
Szeretett egy ember. Túl sokáig nem mert.
Most mellettem van távol.

Belelököm egyszer, bosszúból, magamba.
Utána is ugrom, törvény, bíró híján.
Szelídséggel zsarol. Legyek-e goromba?
S mi lenne, ha győznék, csak, mert tovább bírnám?

Isten vak szemében az a hős, ki téved.
Az az elég, ami örökké kevés.
Későn tudtam már meg, hogy valakit végleg szeretni akarni:
kísérletezés.

HOLLÓ URAM

Ugyan, ugyan, Holló uram!
Ne vigye már el a lelkem!
Nem tombolán nyertem.
Vagy ha viszi, ne cibálja!
Van még, aki visszavárja.
Van még talán,
fiús lány,
aki várja,
visszavárja.

Ugyan, ugyan, Holló uram!
Mivel vádol, minek károg?
Ha van, eljön, amit várok.
Miért tudna maga többet?
Hát még, akik kiröhögnek!
Szemem, lábam
bedagadt,
új út készül
lábam alatt.

EXPERIMENTATION

I'm going to smash someone into myself.
It's terrifies me, how much I desire.
Someone loved me – they didn't dare for long.
And now they've left, although they are still here.

For vengeance, I'll smash them into myself,
and I'll crash too – lacking judgement and law.
Kindness is blackmail. Shouldn't I be harsh?
What if I win for just withstanding more?

In God's blind eye, the heroes are the wrong.
Enough is not enough for what we want.
Too late for me to know that the attempt
to make love last's just an experiment.

Translated by Clare Pollard

MASTER RAVEN

Come now, come now, Master Raven!
Don't you, don't you take my soul.
If you steal it, please don't pull –
didn't win it at a fairground,
there's someone expects it found,
perhaps a girl,
a boyish girl,
waits for it back.
Expects it back.

Come now, come now, Master Raven!
All you croak are accusations.
If I'm right then fate will happen,
why would you know any better?
Or the ones who laugh and titter?
Eyes and toes
they swell and bloat.
New road's prepared
beneath my feet.

Ugyan, ugyan, Holló uram!
Mindkét szememet kivájja?
Nem szólok, de hogyne fájna!
Rám nehezedik a szárnya.
Kiabálnék, ha nem bánja:
Uram, nekem
ördögöt
ígértél, nem
madárdögöt!

A MEGKÍNZOTTAK BALLADÁJA

Én még büszkének ismertem Fecót,
közöttünk, verebek közt, ő a sólyom,
de apjára gyújtotta a retyót,
ki részegen bóbiskolt el a trónon.

Ha nem Fecó, megölte volna más,
ha más se, akkor megöli a mája.
Rá fenn a megbocsátás, de a rács
és sok fegyenc várt itt lenn a fiára.

Nem ismertünk rá, mikor hazatért,
alig beszélt, inkább csak motyogott.
Nem óvták bent a szép arcú legényt.
Kit megkínoztak, mind elátkozott.

S a kis Feri, kit intézetbe vittek?
Harmincéves, híres író ma már.
Aludni nem bír, a haláltól retteg.
Félelmetes neki a fény, a nyár.

Tükörbe nem néz, és csak a sötétben
öleli szomorú szerelmesét.
Meséket ír, olvas, de a mesékben
hamisnak talál mindent, ami szép.

Come now, come now, Master Raven!
Must you pluck both my eyes out?
Of course it hurts, though I won't fight –
pressed by wings, they're weighing down,
and if you don't mind now, I'll scream:
'The Demons, God!
You gave your word –
not this body
of a bird!'

Translated by Clare Pollard

BALLAD OF THE TORTURED

I knew Feco when he was strong and proud,
a falcon amongst sparrows round our home.
His dad was in the shithouse that he burnt.
He'd slumped asleep whilst he was on the throne.

If not that, someone would have had him killed.
If no one else, his liver would have done.
Up there he'll wait for mercy for his sins,
whilst down here prison bars weigh down his son.

Feco was very changed when he returned,
he barely spoke, or just made muttered sounds.
A handsome man, he wasn't spared in there,
and they who have been tortured are the damned.

And little Feri, in youth custody?
He's thirty and his writing's brought him fame,
but can't sleep now; is petrified of death.
Summer and light are horrible to him.

He cannot look into a mirror's face.
His lover only gets held in the dark.
He writes and studies fairytales but finds
that every single beauty in them's fake.

Vízből a klór, vaselméből az Isten,
eltűnnek hegek és ütésnyomok.
Jelentése, jelentősége nincsen:
kit megkínoztak, mind elátkozott.

Róza nénémet rákos sejtek rágták,
az ura meg lábát vesztette el,
anyám megfulladt, s egyik bátyám arcát
ügyetlen sebész csúfította el.

Zoli ül. De szabadul, fél év múlva,
rokkantnyugdíja szelvényére kért
két nővére kölcsönt – ennivalóra.
Nem haragszik, hogy becsapták szegényt.

A legszebb lányt rémisztgeti a pap, hogy csak széttett lábbal nyer
bocsánatot, mert megmérgezte szerelmét, a Lackót.
Kit megkínoztak, mind elátkozott.

A sültbolond is gyorsan megtanulja,
kínozni bűn, de kínlódni nagyobb.
Az elsőből csak elsőbb lehet újra,
s az élőből előbb élőhalott.

Lásd, herceg, aki e sorokat írta,
nem bír örömódát írni, holott
szemében minden panasz olcsó firka.
Kínozták őt is, ő is átkozott.

THE ONE

Aljas nők, ártalmas anyák, kemencék,
mik túlfűtenek, vagy hideg vasak,
dermesztenek, hogy elnémítsanak,
szeretetüket állítják, kelepcét

Chloride from water, God from iron minds:
the scars and bruises vanish; they don't brand.
They're meaningless – they mean nothing at all –
but they who have been tortured are the damned.

My aunty Roza, chewed by cancer cells,
was married to a man whose leg was lost,
Mum suffocated and my brother's face
some crappy surgeon fudged into a mess.

Zoli's in prison, still has half a year.
His sisters borrowed money 'to buy food',
used his disabled card. But the poor man
can't even feel that angry he was conned.

The local beauty poisoned her love dead.
Now the priest threatens that he'll lend a hand –
says absolution lies between her thighs
and they who have been tortured are the damned.

Even a fool will quickly learn the rules:
torture's a sin, but being tortured worse.
The living dead are livelier dead again,
and all your life, the first will still come first.

See, Prince, the one who's written all these lines
can't write an ode to joy although he slams
every lament as just cheap scribbled trash!
He has been tortured, so he too is damned.

Translated by Clare Pollard

THE ONE

Women are treacherous, and mothers most –
ovens who'll burn you out, or iron-hard,
or else deep-freezers chilling mute all words –
they lay love like the traps they lay for rats;

eléd, lábad törik, el ne szaladj,
ha nőt szeretnél, csak anyád szeretnéd testében, lelkében. Nem lesz
szerencséd, amíg fel nem szabadítod magad:

távozz tőlem, anyám! Szeresd apámat!
Véreddel mocskoltad be testemet.
Eressz el, gyönyörű szeretők várnak,

engedd, hogy most már ők szeressenek!
Ők úgy ismernek már, ahogy te még nem.
Hogy elpusztulsz, ez egyetlen reményem.

LASSAN KIDERÜL

Csend csámcsog a lakáson, a házon.
Szuszogsz. A hold csontot rág az égen.
Megviselt testem nem kínozta álom.
Félek tőled, hogyha alszol.

Fél kettőkor felébreszt valami.
Fényt csinálok. A lámpa sárga rózsa.
Padlóra hullanak szikkadt szirmai.
Családom van, lassan kiderül.

Szellemtelen éj. Nem suhan kísértet.
Pedig az lenne ilyenkor logikus,
könyvespolcról, falból kilépnek
rövid életem kevés halottai.

Legalább anyu. Persze mért tenné?
Eleget zaklattuk, amíg itt volt.
Teste, lelke már egy nagyobb rendé.
Fecsegne arról, mi úgyis kiderül?

they crush your feet so you can't ever run.
You want your mother when you want to fuck:
her body and her soul. You'll have no luck
until you break out from this cage called home.

Leave me alone, mother! Go love my dad!
Let me go out where lovers wait for me.
Can't bear this stench, this taint that's in my blood –

let me love other women, finally!
They'll know me as you, mother, never can.
You have to die so I can be a man.

Translated by Clare Pollard

SLOWLY IT COMES TO LIGHT

The stillness gnaws upon our flat, our home.
You breathe. The moon chews on its bone.
My sleepy body isn't hurt by dreams.
But I am frightened, when you are asleep.

At half past one something makes me wake up.
The lamp's a yellow rose. I make the light.
Its petals scatter pale onto the floor.
I have a family, it comes to light.

The ghosts are unavoidable at night,
and nothing reasonable can happen now –
from bookshelves and from walls the ghosts step out:
the ones I lost so quickly. All my dead.

My mother. Yet, why would she come back here?
I troubled her enough whilst she was here,
and now she should belong to something greater,
not chatter about things that make sense later.

Legalább felébredne az egyik gyerek.
Te úgyse. Örülsz, ha alszol.
Legyen az én bajom, ha felébredek –
nem kellett volna altatókhoz nyúlnom.

Ha bátor lennék ruhát magamra venni,
az utcára lépni, vonatra szállni.
Vagy egyszerűen csak elrévedezni.
Megtörténhetne akármi.

No matter why she's back, I'm woken up.
Not you, for you are happy in your sleep.
Let it be my problem, if I wake up –
if sleeping pills can still not drag me deep.

If only I was brave enough to dress,
to go out to the street. To take a train.
Perhaps out there I'd find that I could think,
then anything could happen again.

Translated by Clare Pollard

ORSOLYA KARAFIÁTH

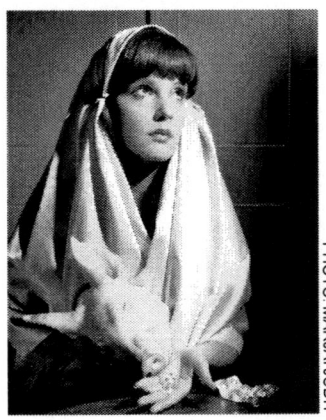

ORSOLYA KARAFIÁTH is an established voice in the newest generation of Hungarian poets. Her poetry has appeared in numerous publications in Hungary, from literary journals to newspapers; in her own collection, *The Secret Song of Lotte Lenya*; and in translation in *The Hungarian Quarterly* and *Modern Poetry in Translation*.

Karafiáth's arts journalism appears online, in print and she is often seen on television. She lives in Budapest, where she sometimes performs with her noise band, Elektrik BUGI Kommando.

A VÉR

A szín nem tud hazudni.
Szavakkal szól, s te érted.
Formája van, a testtől.
Tartják hálás edények.

Csak hallgasd. Nézd. Kegyetlen.
Félelmed sokszorozza;
hisz nem tudod, örökre,
vagy csak naplemente-hosszra

kegyes a szív, hogy adja.
S ha megtorpant előtted:
egy dobbanásnyi jel.
Erő, hogy megköszönjed.

A FÖLD

Skarlát a föld. Vagy okker.
Nem áldozat szeretni.
Homály. Egy perzsa barlang.
Félárnyalatnyi semmi.

Hisz ismered. A matt kövek.
A sziklák végtelenje.
Kiégetett agyag. Hamu.
A cink, a réz, a pernye.

Pigment, olaj. Lapocskák.
Lassan készül tekintetünk.
Kevert porból vagyunk.
Aranyporrá leszünk.

BLOOD

Colours speak but never lie.
Their words make sense to you.
Grateful vessels shape them
and hold them up to view.

Hear them. See them. They are cruel.
They intensify your fear
for you don't know how much longer
the gracious heart will persevere.

And when it stops, the final beat
is a sign, to be construed
as a force directing you
to express your gratitude.

Translated by Peter Zollman

EARTH

The earth is scarlet. Or ochre.
It is here to be enjoyed.
Darkness. A Persian cavern.
A demi-semi shade of void.

You know them well. Those weathered stones.
Those rocks in never-ending chains.
The clay soil baked hard. The ashes.
The zinc, the brass, those burnt remains.

Pigment, oil. Platelets. Our faces
emerge now, ready to behold.
We are made of various dusts.
We'll turn into pure dust of gold.

Translated by Peter Zollman

KÉT UTCAKŐ

Prágának két legtávolabbi pontját
elképzelem, miként keresztezed.
Elloptam, nézd: Florencet és a Florát,
száz utcahosszat mentve át neked.
A szállásról nagyon hamar kirúgtak,
de lett egy hét alatt is törzshelyünk.
Kényelmes tér négy hölgynek, hét ficsúrnak:
minden túl gyorsan történt meg velünk.
Közös kép – én s a két vad szláv szakállas:
a Károly hídon ülve hódítok.
Üres tekercs, eztán se exponálhasd,
mi volt, s mi nem, mi végül fényt kapott.

Azóta sem tudtam elhagyni Prágát,
pedig nem tartóztathatott soha;
pedig csukott szemmel egész Brnón át –
még azt hittem, hozzád jövök haza.
Útközben is akadt „burkolt ajánlat" –
sármos határőr súgta: dobregyík.
Fél éve ott, ne hidd el, hogyha várlak,
utcák, utak – semmink se változik.
Lásd, visszafordulok, mint annyi séta –
most már tényleg nem sejthetem, mi lesz
a szép tornyokkal, híg sörökkel és a
két utcakővel: Flora és Florence.

LOTTE LENYA TITKOS ÉNEKE

A hangom mindig újra más:
Új végszavak, új főszereplők –
ha szólnék is, csak suttogás,
kihúzott rész egy rossz szövegből.

Most díva, most kéjnő vagyok,
most csitri, John megunt babája.

TWO FLAGSTONES

I fancy you *en route* between the two
most distant spots on Prague's periphery.
I stole Florence and Flora, saving you
a hundred streets of foot-slog misery.
The lodging's quickly gone. We got the chuck,
but soon we had a new place. Seven chaps
and four young ladies, yes we were in luck,
although it happened all too fast, perhaps.
A snapshot. Me and two Slavs, mad, hirsute.
I charm them on the Charles Bridge by the rail,
The film is fogged, unsuitable to shoot,
what was, what wasn't, was bound to fail.

I'll never leave Prague, never wave good-byes
– though Prague would never tell me what to do –
but as I came through Brno with shut eyes,
I still believed that it was back to you.
There was a 'veiled proposal' to relate:
a tasty border guard proposed a game.
Six months, don't think that if I seem to wait,
the streets, the roads – we all remain the same.
I turn, you see, just like the promenaders
and cannot tell the future, not a chance
to guess the fate of towers, washy lagers
and those two flagstones: Flora and Florence.

Translated by Peter Zollman

LOTTE LENYA'S SECRET SONG

My voice will vary every time,
always new cues, new stars, new look.
My words are just a whispered rhyme,
deletion from a shoddy book.

I'm a *prima donna*, I'm a whore,
a silly chit, John's jilted friend,

Kántálás, könnyű sanzonok:
ahogy az alkalom kívánja.

Ha szólnék is, csak néma song,
mi rejtett dalra válaszolt.

A Holdat nézem. Napjaink
porondját festő szürke Holdat.
Ha szólnék is, csak álca, smink,
siker a képzelt színpadoknak.

Ez nem rivaldafény. Kigyúlt
Reflektor árnyékokra törve.
Lehunyt szemem mögött az út
Egy ócska, régi öltözőbe.

Ha szólnék is, csak néma song –
refrénje újra csöndbe font.

Elhallgatok, s ez újra más:
bűvös, hamis – miért csalódnál?
Maradt a megkopott varázs:
pezsgők, vad slágerek, parókák...

VAKTÉRKÉP

Legyen más, ismeretlenebb vidék,
nem tudjam, most épp hány határa van.
Ha rájönnék, rajzold csak át megint,
előbb, mint hogy kiismerném magam.

Itt barlang lesz, nagy barna folt, odébb
az alföld, majd tajgák és jéghegyek.
Holtág, tenger: kanyargó kék vonal –
a sok megunt szín közt eltévedek.

light lyric or pretentious score
according to the latest trend.

My words are just a mute *chanson*
in answer to a secret song.

I'm gazing at the moon. It's grey.
It shows the playground of our age.
My words are masques, face-paint, bouquet,
applause on some fictitious stage.

No footlights here. Visualize
a spotlight beaming broken gloom.
The corridor in my shut eyes
leads to a cheap old dressing room.

My words are just a mute *chanson* –
it ends soundless, as it was born.

I'm silent. This is new again:
enchanted, fake – are you deluded?
The aging magic will remain:
smash hits, champagne and wigs included…

Translated by Peter Zollman

BLIND MAP

Give me another, less well-charted landscape,
the details shall remain a mystery.
If they become too clear, please try again.
They mustn't get too meaningful to me.

A cavern here, large brown-and-purple shape,
a prairie, taiga, icebergs in the haze.
Backwater, ocean, winding bluish line –
I'm lost among the boring colourways.

Nem sejthető mélységet, távlatot
jelezzél, képzelt, új irányokat:
eltájolt napjaimban rendezett
támpont, mely mindig egyfelé mutat.

Rád bízom, meddig juthatsz még velem.
Vezess világtalan vidékeken.

A RÉT

Szerelmes nő ruhája.
Az ég – a földbe fonva.
Látod, gyűrődik, omlik,
de hol szegélye, korca?

Hibáját hol találod?
Megsérül-e a minta?
Fonákja, színe egy.
És egy a széle, hossza.

Ha strassz, ha csillag: ék.
Ragyog. Kitől tanulta?
Csak nézd. Rögben libeg
a felhő-kelme fodra.

EGY NŐ. A KÉPMÁS

A nő kontúrja
nem határvonal.
Mosódik és vegyül
nehéz vagy könnyű vággyal.

Give me imaginary new directions,
unsounded depths, a panoramic sight,
be pole-star on my misdirected journey
a never-changing navigation light.

Where will this end between us? You decide.
Lead me along unlighted landscapes. Be my guide.

Translated by Peter Zollman

MEADOW LAND

Dress of a woman in love.
Sky and earth intertwined.
You see it's creasing, fraying,
but the hem is hard to find.

Any blemish? Any fault?
Will the pattern go cock-eyed?
Its face and reverse are both the same.
It's as long as it is wide.

Rhinestone or star. Both ornaments.
They sparkle. What makes them so proud?
Look. There they float above the ground,
the flounces of a fleecy cloud.

Translated by Peter Zollman

PORTRAIT OF A WOMAN

A woman's outlines
are not a boundary.
They blur and blend
with desires high or low.

Vissza és el. Így fogad.
Nézed: magadba árnyal.

Egy mozdulat, s örök.
Tartja a csontszín szépia.
Úgy meztelen,
hogy eltakarja az,
ki lopva néz oda.

Benne a kék tudása, sorsszerűen.
S a zöld! Az érett rétek nedve.
Vérét tudod: saját.
Mélyült Van Dyke-barna
tekintetébe festve.

Úgy szép, miként a szentek.
Arcán a szenvedés
kisimult, ránctalan.
Mosoly sejlése
árnyak glóriája mellett.

És kész a nő.
Van húsa, vére,
kevert fehérből arca.
Míg nézed, elhiszed:
nincs elmúlás,
amely kifogna rajta.

AZ ÉG

Skarlát az ég. Vagy okker.
Nem áldozat szeretni.
Homály. A víz színében.
Félárnyalatnyi semmi.

She lets you in. You gaze at her.
She pervades you. Ebb and flow.

One movement lives for ever
in the sepia's light brown nuances.
Her nakedness
is veiled by the viewer
as he casts furtive glances.

The blue. Academy, rhapsody, moods.
The green. The ripened sap-green of the field.
You know the blood, it's yours,
deep in her musing
Van Dyke brown eyes concealed.

She's beautiful as the saints are,
unfurrowed suffering
lights up her face.
A smile is hiding
among the sombre signs of grace.

...she's all set now.
She has flesh, she has blood,
a face where all the whites collide.
The sight leaves you without a doubt:
there is no death
that could take her for a ride.

Translated by Peter Zollman

SKY

The sky is scarlet. Or ochre.
It is here to be enjoyed.
Darkness shines on the water.
A demi-semi shade of void.

Hisz ismered. Az áradás.
Ahogy felhők vonulnak.
Sevres-kék. Vörös. Ezüst.
Más nézőponthoz úsztat.

Kobalt, azúr, fedés.
Hullám, légszomj, medúza.
Kiszáradt tó. Hamu.
A sebzett bőr lazúrja.

You know it well. The surging flow.
The clouds as they go floating by.
French blue. Red ochre. Silver.
The scene changing before your eye.

Gasping for air. Jelly-fish.
Waves. Cobalt, aquamarine.
A lake dried up. Cold ashes.
Blueness of the wounded skin.

Translated by Peter Zollman

ANDRÁS GEREVICH

ANDRÁS GEREVICH was born in Budapest in 1976. He graduated with a degree in English Literature from the Eötvös University of Budapest (ELTE), and later studied Creative Writing at Dartmouth College, USA, on a Fulbright Scholarship. His third degree is in Screenwriting from the National Film and Television School in Britain. Now working on his third volume of poems, he has been widely published in Hungarian journals and has also been translated into several languages.

He is currently the President of the József Attila Circle (JAK), the association of young Hungarian writers. He is also the poetry editor of *Kalligram*, a Hungarian literary monthly, and commissioning editor for *Chroma*, the London-based literary and arts journal.

He has scripted several prize-winning short films produced in London. He has also translated a number of English-speaking poets into Hungarian, including Seamus Heaney.

DESIRE

A vágy egy szűk, pállott lakás,
mely hangos a főút forgalmától,
parfümök sorakoznak a tükre előtt,
de üres a jégszekrény, ragad a kilincs.

Ez a vágy a legszebb férfi otthona,
kit soha nem találsz odahaza,
mert más férfiak lakásán alszik,
mégis a falon száz fotóról csábít.

Ragaszd közéjük a képeidet,
hord az alsóját, bújj az ágyába,
vedd fel a nevét – ha beköltözöl,
csak a bútorzat része lehetsz.

ÉBREDÉS

Álmomban repültem,
sűrű volt az ég,
mint a víz, és felhőtlen.
Reggel tollban úszott a nappali,
madárpihékben,
és egy döglött feketerigó
csukott szemmel hevert a szőnyegen.
A macska a lábamhoz simult,
és játékosan kapkodott
a szárnyam után.
Kint zuhogott az eső.

DESIRE

Desire is a cramped, fusty apartment
noisy with the highway traffic;
scents line up before the mirror
but the fridge is empty, the handle sticky.

This is where the cutest guy lives,
the one you never find at home
because he sleeps in other men's apartments:
rows of alluring snapshots fill the wall.

Stick your own photos up among them,
put his pants on, hide in his bed,
adopt his surname – if you move in,
all you'll be is part of the furniture.

Translated by Christopher Whyte

WAKING UP

I was flying in my dream,
the sky was dense
like water and cloudless.
In the morning the living room was thronged
with fluffy feathers,
and, eyes shut, a dead blackbird
was lying on the carpet.
The cat snuggled against my leg
and snatched playfully
at my wing.
The rain came pelting down outside.

Translated by Peter Zollman

CSALÁDI IDŐSZÁMÍTÁS

A kakaómat a tengerbe csöpögtettem,
és figyeltem, ahogy feloldódik az édes barna pötty
az Adria átlátszó, sós nyugalmában
és egy pillanat alatt végleg eltűnik.
Ma vagyok napra annyi idős,
mondta anyám, mikor befejeztük a reggelit,
mint halála napján az anyám volt.
Fejest ugrottam egy szikláról a vízbe.
Tavaly napra pontosan tudtam én is,
mert hetekkel korábban kiszámoltam,
mikor lettem napra annyi idős,
mint az apám volt, amikor megszülettem.
Unalmas hétköznap volt, szerda,
reggel az ágyban kortyolgattuk a kávét,
szúrt a borostád, ahogy megcsókoltalak,
mint bennem a tudat, hogy nem lesz,
ki a homokórát újból megfordítsa.

KARÁCSONYI NAGYBEVÁSÁRLÁS UTÁN

Lehűlt és besötétedett, vártalak miután
összevesztünk: a Blahán minden villamossal
szemeztem, ahogy egyre mentek,
egyre egyformábbak lettek, az idegeimre ment
a tömeg. Már fáztam. Csak megölelhetnélek,
gondoltam, és az egészet elfelejteném.
Már mindegy volt, ahogy havazni kezdett.
Egész testemben éreztem, ahogy fagy,
és végre megnyugodtam, hazasétáltam a hóban
a szatyrokkal. A konyhaasztalon kint hagytad a vajat,
egy félig evett szendvicset a számítógép mellett,
az erkélyajtótól sáros lábnyomaid vezettek
a fürdő felé. Felmostam, elmosogattam,
közben bekapcsoltam a zenét. Feldíszítettem

FAMILY CHRONOMETER

Letting my cocoa drip into the sea
I watched the sweet brown drops dissolve
in the calm, transparent, salty Adriatic,
then vanish in the space of a moment.
'Today I've reached the age,'
my mother said as we finished breakfast,
'my own mother was the day she died.'
I dived off a cliff into the water.
Last year I too knew the exact day
(I'd worked it out weeks in advance)
I reached the age my father
was when I was born.
It was a boring weekday, Wednesday,
we sipped morning coffee together in bed,
I felt your stubble when I kissed you,
like the prickly realisation inside me
no-one would upend that sandglass again.

Translated by Christopher Whyte

CHRISTMAS SHOPPING

It had chilled down, grown dark, I was waiting
for you after a quarrel: glaring at every tram
in the square, noting how the more people passed
the more they resembled each other: the crowd
was getting on my nerves. I was frozen. If only
I could hold you, I thought, I could forget everything.
It no longer mattered that it had started snowing.
Every bone in my body was turning to ice,
so in the end I walked home through the snow
carrying my bags. You had left the butter on
the kitchen table and a half-eaten sandwich by the computer,
your muddy footprints led from the balcony
towards the kitchen. I put some music on,
did the laundry and washed up. Before going to bed
I decorated the tree so should you call at night

a fát mielőtt lefeküdtem, és izgatottan vártam,
hogy mikor sértődötten hazajössz, köss belém.

A MESEKÖNYVBEN...

A mesekönyvben a kiskirályfi
mindig királykisasszonyra lelt,
néha varrólányra,
ahogy a nagyira a nagypapa,
anyura apu, Júliára Rómeó.

Évek kellettek, hogy felfedezzem,
a valóságban a kisherceg
néha a kocsisfiút szerette,
és valamelyik nagybácsimat
sosem látták nővel.

Nem a saját életemre készítettek.
Ez is olyan, mint a Télapó,
örömből szőtt csalódás. Mese.
És a legerősebb, mint a bújócskában,
akkor is nyer, ha csal.

MARMARIS

Száguldó autóban
zizegő darázs:
tested a ruha alatt.

you would find everything in order
and quietly creep into bed beside me.

Translated by George Szirtes

IN THE STORYBOOK...

In the storybook the little prince
always ended up with a little princess
or a seamstress sometimes,
just like Granddad and Granny,
Mum and Dad, Romeo and Juliet.

It was years before I discovered
that sometimes a little prince
fell in love with the coach boy,
or that one of my uncles had never
been seen with a woman.

I wasn't prepared for my own life.
This is just like Santa Claus –
disappointment woven from delight. A tale.
And like in hide-and-seek, the strongest
wins, even when he cheats.

Translated by David Hill

MARMARIS

In a racing car
the buzz of a wasp:
your body beneath clothes

Csüngő datolyafürtök
és nyüzsgés a parton:
szőrös mellkasod.

Az égen egy repülő,
a strandon egy papucs:
bőrödön az anyajegyek.

Izzó homokban
izzadó horgony:
duzzadó mellbimbód.

A vakító éghez
dörgölőző tenger:
izmaid hullámzása.

MEDITERRÁN

Mint hajó alatt a tenger,
hömpölyög velünk az ágy,
szagod még idegen, mint
bányász-orrnak a kikötő.

Mint víz a testhez, bőrödhöz
simulok. Mint óceánban
a halak, izeg bennem minden
sejt. Felbőg a hajókürt,

elszakad a feszes damil,
a halászháló zátonyba akad.
Matrózkarok csillognak
a vibráló reflektorfényben:

ritmusra nyikorgó és vakító
világítótorony. Szörnyet

Date clusters dangling,
bustle on the shore:
your hairy chest.

A plane in the sky,
slipper on the beach,
birthmarks on your skin.

In the sweltering sands
a sweating anchor:
your swollen nipples.

The sea rubbing up
against the blinding sky:
the surge of your muscles.

Translated by Thomas Cooper

MEDITERRANEAN

Our bed is rocking like the sea
beneath a ship. Your smell
is as unfamiliar as the harbour
to the tramp steamer.

I cling to you, water to skin.
The cells of my body are shoals
of excited fish and now the funnel
blares and the nets

are broken, the mesh has caught
on a reef. Sailors' arms
are glimmering in the regular
strobe of reflectors, the beams

of a squeaky, revolving
lighthouse. The gulls are ripping

tépkednek a vízen a sirályok:
saját testét rágja és eszi.

Kettéroppan a hajótest,
deszkák apró szálkái szúrják át
minden irányból a bőrt,
szétfolyik a dízel a vizen.

ODÜSSZEUSZ

Húsz évig nem a saját ágyamban reggelizem.
„Bolyongás, elhagyatott hazatérés."
A jósda olyan hűs volt a nyári melegben,
a félsötétben izzadt testét átrázta a hideg.

Elbújni húsz év elől. Otthon parasztnak öltözött,
köpködött, hülyeségeket mormolt, megfogdosta
a férfiakat. Nemezkalap rejtette ápolt haját,
hosszú ruha leplezte, hogy nem vézna, mint a pór.

Ekét ragadott, befogott egy szamarat
és egy ökröt: egyet a nyárnak, egyet a télnek.
Még hajnalodott, szúnyogok csípték a nyakát.
Semmi értelme húsz esztendőnek. Semmi.

Sóval hintette a felszántott földet: saját országa
kiszáradt tenger. Remegett a szája, akár a bolondnak.
Agamemnón, Meneláosz és Palamédész mégis
rátaláltak, a három király ajándék nélkül jött.

Az egyik lágyan szólította, mint az alkony,
de hiába, a második férfiasan, mint a dél,
de tovább szántott, és mérgezte a földet. A harmadik
kiáltott, mint a reggel, a hajnali ébredés. Hiába.

the Kraken to shreds: it chews
and digests its own body.

The ship splits in two,
the decks' tiny splinters pierce
the entire surface of the skin,
a pool of diesel spreads across the water.

Translated by George Szirtes

ODYSSEUS

No more breakfast in bed for twenty years.
"Hard travelling, a lonely homecoming."
The oracle was cool enough in heat of summer,
the cold shook his sweaty body in the twilight.

Hide away twenty years. At home, dressed like a peasant,
he spat and muttered idiotic nonsense, pawing
the menfolk. A felt hat covered his coiffured hair,
a long cloak hid the lack of a starved peasant body.

He found himself a plough, harnessed a donkey
and an ox: one for the summer, one for winter.
It was still dawn, mosquitoes fed on his neck.
Twenty years for nothing. Nothing at all.

Sprinkled salt on the furrowed earth: his own country
was a dried out ocean. His lips trembled like any idiot's.
Agamemnon, Menelaus and Palamedes nevertheless
found him: three kings bearing no gifts arrived together.

One addressed him as gentle as the dusk, in vain,
the second, like noon, in more masculine fashion;
he carried on ploughing, poisoning the earth. The third
shouted, like morning, like a dawn reveille. In vain.

Felkapták az újszülött trónörököst, Télemakhoszt,
és az ökör elé hajították a földre, a porba.
Kitisztult az atyai szem, és érte ugrott, sós kezével
ölbekapta, szakadt rongyaihoz szorította.

Odüsszeuszt vállon veregették, nevetve.
Este jó bort ittak, szolgák maszírozták vállukat,
még nőkről beszéltek hadműveletek helyett.
Részegen egymást ölelgették, hogy erőt gyűjtsenek.

EGY CSÜTÖRTÖK

Nem volt csatlakozás. Hat órát vártam
az első buszra neonfényben, bezárt
üzletek, autóhirdetések között;
hat órát aludtam volna a bostoni
reptéren Californiából jövet.
Éjjel érkeztem, elment minden busz,
mire landoltunk, kiürült a Logan,
de én szegény voltam a panzióhoz.
Testem törött volt két hét buli után,
nehéz a lelkem, hogy haza kell menjek,
fényképként tároljam San Franciscot,
egy újabb várost, ahol nem élhetek.
Mint ki napfényes, titkos útról tért meg,
pálmafás parton filmsztárok szavára,
sors elől szökve, mégis a sorssal
emailezgetve minden délután,
ki finom ideggel érzi idegenben,
hogy állandósul az átutazásban,
nem számoltam órákat, perceket.
Az ülés nyomta a seggem, a hátam,
a karfáktól nem tudtam elfeküdni,
és a kihalt folyosót negyedóránként
beüvöltő hang nem hagyott aludni:
csomagot őrizetlenül ne hagyjanak,

They seized on the newly born heir, Telemachus,
and threw him in front of the ox, in the dust.
His father's eyes opened, he leapt after him, sat him
on his lap, hugged him to his foul rags with salty hands.

They slapped Odysseus's back, laughed and dragged him
away to toast his twenty years. Talking of women and girls
for the last time instead of fortifications. Drunkenly
they embraced each other, so they should not remember the future.

Translated by George Szirtes

A THURSDAY

No connecting service. A six-hour wait
under neon lights for the first bus
amongst closed shops and car advertisements;
I planned to spend the time asleep
once I got into Boston from California,
but when we landed every bus had left.
No shortage of free rooms in the hotel
at Logan, but I couldn't afford to stay over.
My body broken from two weeks' partying,
depressed at the thought of having to go home,
I tucked San Francisco away like a photo
of yet another city where I couldn't live.
As if returning from a sunlit, secret journey
hearkening to film stars on a palm-tree shore,
on the run from fate and yet exchanging
e-mails with fate every afternoon,
nerves sharp enough to tell me I was constantly
passing through places that had no place for me,
I didn't count the hours or the minutes.
My ass and my back both ached from sitting,
the arm rests stopped me stretching out,
every quarter of an hour a voice yelling
down the deserted corridor made sleep impossible:
"Leave no baggage unattended. Smoking's

dohányozni és parkolni tilos.
Se autóm, se cigim, se bombám nem volt.
Körülnéztem: szerettem volna néhány
szót váltani, bestoppolni Bostonba,
az éjjelt egy nightclubban tölteni,
mert Josh aludt, Jamar aludt, Terence
aludt, Jacques is aludt, és mind aludtak,
kikbe nem volt időm beleszeretni,
de rájuk gondolva elbóbiskoltam,
és kisimultak a ráncok arcomon.

TEMETŐ
I.I. emlékére

1.

Még a port is letörölted,
ragyogott a lakás, a szoba,
mindent elárasztott a rend,
mint egy múzeumban,
vagy vendégség előtt.
Egyetlen csikk éktelenkedett
a hamutartóban a konyhaasztalon.
Az éjjeliszekrényen hagytad a személyidet,
ne kelljen ügyetlenül keresni.
Még az üres leveleket is visszaraktad
a fiókban a gyógyszeresdobozokba.
Az ágyon feküdtél, ruhában,
betakarva. De már hideg volt
a tested, puffadt és kemény.

2.

Analizisbe akartam hozzád járni,
igy lettem barátod,

forbidden. Don't park outside Departures."
I had no car, no cigarette, no bomb.
I looked around me: I'd have liked
to chat with someone, hitchhike into Boston,
spend the night clubbing, but Josh was asleep,
Jamar too, Terence and Jacques,
all the men I never had time
to fall in love with were asleep.
With them in mind, I dozed off briefly
and the wrinkles on my face smoothed out.

Translated by Christopher Whyte

CEMETERY
i.m. I. I.

1.

You'd even wiped the dust away,
the apartment shone as did the room,
order suffused everything,
it was like being in a museum
or before the arrival of guests.
The only incongruous thing was
the dog-end in the ashtray on the kitchen table.
You'd left your ID card by the bed
so there'd be no need to fumble around for it.
The empty pill-foils too were tucked away
in medicine boxes in the drawer.
You lay on the bed in your clothes
covered up. But your body was cold
by then, stiff and swollen.

2.

I came to you first for analysis
but, instead, became your friend,

ki óráidat, napjaidat töltötte ki,
mert nem csörgött a vekker,
hogy vége; nem búcsúztál,
hogy köszönöm, folytassa legközelebb.
Teltek a hetek, a hónapok,
délutánjaink, kocsmáink közösek lettek,
együtt nyaraltunk Révfülöpön
és Amszterdamban együtt buliztuk át az éjjeleket.
Néha húsz éves lettél, máskor én negyven.
Egy este aztán bezárkóztál,
és nem vetted fel többet a telefont,
pedig őrülten keresett az Ági, a Gabi,
mert tudtuk, hogy lejárt az időnk.

3.

Megrémültem, mikor egy éjjel
részegen kisértelek haza,
és a kapuban szerelmet vallottál.
Hadarva mondtad ki, ügyetlenül,
arcodról sugárzott, hogy zavarban vagy,
izgulsz és félsz
még ennyi vodka után is.
Nekem mindig egy apa voltál,
miért nem maradhattam kisfiad?
Légy erős, bírj ki mindent!
Csak azért is megmaradtam gyereknek,
aki este feljár hozzád elmesélni kalandjait,
kieszi a túrórudit a jégről,
a fotelbe süpped és hajnalig marad;
akivel együtt jársz a Sportba úszni,
(az öltözőben a meztelenség közös volt, de üres,)
aki megpróbál ezzel-azzal összehozni;
de nem tudjátok, megy-e ez igy.

4.

Néha kijártam a temetőbe,
Xanax-szal keltem és aludtam;

one who filled your hours and days
because no alarm clock rang for the end
of the session; there was no 'Goodbye and thanks
and we will continue this next time.'
And so it went on for weeks, for months, our
afternoons, our drinking time shared,
we holidayed together at Révfülöp
and partied away nights in Amsterdam.
At times you seemed to be twenty, I forty.
One night though you locked yourself away
and no longer answered the telephone,
though Agi and Gabi went crazy looking for you
because we knew our time was up.

    3.

I was terrified one night when I
drunkenly escorted you home
and you confessed your love at the door.
You gabbled, you were awkward in the telling,
your face betrayed you, showed you were confused,
excited and afraid
even after all those shots of vodka.
You were always a father to me,
why could not I remain your son?
Be strong, put up with everything!
I'll show you! I thought, I'll remain the child
who comes at night to tell you his adventures,
scoffs the cream cakes in the ice-box,
sinks into the armchair and stays till dawn:
someone you swam with at the pool
(everyone was naked in the changing room
but it meant nothing), someone who tried
to set you up with X or Y, for better or worse.

    4.

Sometimes I took a trip out to the cemetery,
I took Xanax on waking, took it to get sleep,

analitikushoz jártam, hogy emlékeinket
felidézzem, átírjam, és elfelejtsem,
és türelmetlenül várjam a vekkert.
Elkerültem az utcát, ahol laktál:
mert nem létezett soha, ami nincs –
kihazudtam az életemből éveket,
kihazudtam Amszterdamot,
kihazudtam embereket.
Nem tudom, mikor mentettem magam,
mikor voltam őszinte,
mikor igazságtalan.

5.

Egy rossz álomban szomszédos utcákon nem találok haza.
Nálad kötök ki, nem bírunk aludni.
Elmeséled, hogy gyerekként mennyire féltél
valami űrlényes filmtől, fekete-fehér,
hatalmas konzervdoboz volt egy ügyetlen ürge fején.
Én Darth Vadert hallottam a szobámban szuszogni.
Én vagyok Luke, te Obi van Kenobi.
Aztán hirtelen hajnalodik és nyár lesz a télben,
megcsap a fény, ahogy elhúzzuk a függönyöket,
az autók zúgnak és a galambok turbékolnak.
Az első busz elé rohanok, hajnali öt lesz,
felszállok, és megijedek, mert teljesen üres,
elindul és mintha folyna, olyan csendes.
Nincs Erzsébet híd, a 78-as a Dunába gázol,
és rájövök, hogy nem vihet haza,
mert elfelejtem, hol lakom, mert ismeretlen lesz a város,
mert már nem is élnek benne emberek.
Visszafutnék hozzád, de le van húzva a redőny,
minden rés sötét, nem cseng a csengő,
és az utca, a ház már mind idegen.
A zsebemben a kulcsom helyett
egy cetlit találok: *Az erő veled van.*
A búcsúleveled.

went to analysts to go over our memories
to change and forget them,
to wait impatiently for the alarm-clock.
I avoided the street where you lived
because that which is not has never existed –
I lied whole years of life out of existence,
lied Amsterdam out of existence,
lied people out of existence.
I don't know when I was saving myself,
when I was being honest,
when unfair.

5.

In one nightmare I can't find my way home.
I arrive at your place, but we can't sleep.
You tell me how in childhood you were afraid of
some ridiculous film in black and white,
a huge tin can covered a clumsy gopher's head.
I heard the hoarse breath of Darth Vader in my room.
I am Luke, you are Obi Van Kenobi.
Then suddenly it's dawn and summer blooms in winter,
the light strikes us as we draw the curtains,
cars cruise and pigeons purr.
I rush for the first bus, five a.m. at dawn,
I get on it, it scares me because it's empty,
then it starts up, so quiet it seems to flow.
The Bridge is missing, the 78 runs into the Danube,
I realise it can't now take me home
because I've forgotten where I live, because the city
is unrecognisable, because no one lives there.
I'd run back to your place but the blinds are drawn,
each nook and cranny is dark, the bell won't ring,
and the street and the house, everything is strange.
In my pocket instead of the key I find
a slip of paper: *the force is with you.*
It is your farewell letter.

Translated by George Szirtes

PROVINCETOWN

A csomagtartóban laktam egy hétig
a Cape Cod-i kempingben,
biciklivel jártam a strandra
gyönyörködni az izmos testekben
és úszni az Atlanti Oceánban.
Férfi férfivel, nő nővel járt kéz a kézben;
Tina Turner és Madonna
a helyi diszkóban léptek fel:
nőimitátorok pontos álruhában.
Felszedtem a legszebb go-go boyt,
megvártam este munka után.
Egy hotel pincéjében lakott,
ahol még a matracot is átizzadtuk,
videóztunk és együtt zuhanyoztunk,
együtt napoztunk másnap délután.
A családokat sem zavarta, ha a gyerekek
férfiakat látnak csókolózni:
ez volt a rend.
A boy LA-be készült szinésznek,
én New Yorkba írónak –
ő este táncos, napközben pincér volt,
én a magyar útlevelemet szorongattam.

VERJEN A SORS KEZE

A buzikat a Dunába, a zsidókat meg utána!
Az ÁVH egykor elődeinket üldözte,
és ma ÁVH-snak neveznek,
gyaláznak, homokkal és tojással dobálnak,
még az anyanyelvünket is felkoncolják:
már csak szitkozódni jó.
Amerikában, ha magyarul hetekig nem beszéltem,
séta közben néha eldúdoltam a Himnuszt,
jó érzés volt: otthonosan és büszkén szomorú.
Ma átkapcsolom a tévét, ha felcseng,
mert véres fejekről szól, félholt emberekről,

PROVINCETOWN

I lived in a car boot for a week
at the camp ground on Cape Cod,
biked to the beach
to feast my eyes on the taut muscled bodies
and swim in the Atlantic.
Man with man hand in hand, woman with woman;
Tina Turner and Madonna
played at the local club:
transvestites in persuasive disguise.
I picked up the prettiest go-go boy,
waited for him in the evening after work.
He lived in the basement of a hotel,
where we sweated right through the mattress,
filmed and showered together,
sunbathed together the next afternoon.
Didn't even bother the parents if their children
saw men kissing men:
this was the norm.
The boy wanted to go to LA to be an actor
and I to New York to be a writer –
he was a dancer by night, waiter by day,
I clasped tight my Hungarian passport.

Translated by Thomas Cooper

LET THE HAND OF FATE STRIKE YOU

Throw the faggots in the Danube, throw the Jews in with them too!
The communist police once beat our forebears,
and now they call us communists,
revile us, throw sand and eggs,
even hack at our mother tongue,
in which God himself only curses.
In the US, when I hadn't spoken Hungarian for weeks,
sometimes while strolling I hummed the anthem,
it was a good feeling, familiar and proudly sad.
Today I change the channel if I hear its strains,
because it speaks of bloody heads, half-dead people,

mert mielőtt megerőszakolják,
az emberről napról napra tépik le hazáját:
nemzeti lobogót, címert, Himnuszt,
mint nadrágot és inget.

Meztelenül beugrom úszni a Dunába.
A nyári nap mossa tisztára testemet.
Itt vagyok otthon.

because before they rape you
they strip you day by day of your homeland:
national flag, coat of arms, anthem,
like pants and shirt.

I jump naked into the Danube to swim.
The summer sun washes my body clean.
Here I am at home.

Translated by Thomas Cooper

ABOUT THE TRANSLATORS

RICHARD BERENGARTEN (previously known as Richard Burns) has published more than 25 books and his poems have been translated into 30 languages. His latest books are *For the Living, The Manager, The Blue Butterfly, In a Time of Drought,* and *Under Balkan Light* (Salt, 2008). He is currently working on a new collection of short poems about hands, entitled *Manual*.

THOMAS COOPER was born in 1971 in Chapel Hill, North Carolina. After completing his doctorate in comparative literature at Indiana University he taught for two years at the University of North Carolina before accepting positions as research fellow at Columbia University and the University of Vienna. He currently lives in Budapest and teaches at the Károly Eszterházy College in Eger. He has translated poetry and prose by numerous Hungarian authors, including Zsuzsa Rakovszky, Endre Kukorelly, Zsófia Balla, László Garaczi, László Márton, Lajos Parti Nagy, Zsuzsa Takács, Tibor Zalán, and Pál Zavada.

ANTONY DUNN was born in London in 1973. He won the Newdigate Prize in 1995 and received a Society of Authors' Eric Gregory Award in 2000. He has published two collections of poems, *Pilots and Navigators* (Oxford Poets, 1998) and *Flying Fish* (Carcanet Oxford Poets 2002). He has worked on a number of translation projects with poets from Holland, Hungary, China and Israel, and was Poet in Residence at the University of York for 2006. He also writes for the theatre and his plays include *Dog Blue, Goose Chase* and *Shepherds' Delight*.

GEORGE GÖMÖRI is a Hungarian-born prize-winning poet and academic. He has been living in England since 1956 and taught Polish and Hungarian at the University of Cambridge until 2001. He is the author and translator of several books, the latest of which is the poetry collection *Polishing October* (Shoestring Press, 2008).

DAVID HILL's latest poetry collection is *Consumed* (KenArnoldBooks, 2008). His poetry translations have appeared in *The Independent*, *Modern Poetry In Translation* and *The Times Literary Supplement*. He has translated lyrics for English recordings by the Hungarian band Little Cow. He also works in journalism. His website is www.davidhill.biz.

MATTHEW HOLLIS works as a poetry editor. His collection *Ground Water* (Bloodaxe, 2004) was short-listed for the Whitbread Prize for Poetry, the Guardian First Book Award and the Forward Prize for Best First Collection. He is co-editor of *101 Poems Against War* (Faber, 2003) and *Strong Words: Modern Poets on Modern Poetry* (Bloodaxe, 2000).

AGNES LEHÓCZKY was born in 1976 in Budapest. *Station X* (2000) and *Medallion* (2002), her first two short collections, were published in Budapest by Universitas. She was awarded an MA in Creative Writing from UEA in 2006. Her first book in English, *Budapest to Babel*, was published by Egg Box Publishing in October 2008. She is currently studying for a PhD in Creative and Critical Writing.

KEVIN NOLAN co-directs the Cambridge Conference of Contemporary Poetry and edits its translation series. His books include translations of Pierre Alferi and Philippe Beck, *Sleeve Guard Hypocrite* (Equipage), *The Translations of Frank O'Hara* (ed., Carcanet) and *Silver Bullets of the 16th Century* (Salt).

CLARE POLLARD has published three collections with Bloodaxe, the most recent of which is *Look, Clare! Look!* (2005). Her play *The Weather* was given its premiere at the Royal Court Theatre. Clare is a Royal Literary Fund Fellow at Essex University, and is co-editing *Voice Recognition: 21 Poets for the 21st Century* (Bloodaxe, 2009).

OWEN SHEERS was born in Fiji in 1974 and brought up in Abergavenny, South Wales. He was educated at King Henry VIII Comprehensive School, Abergavenny and New College, Oxford. The winner of an Eric Gregory Award and the 1999 Vogue Young Writer's Award, his first collection of poetry, *The Blue Book* (Seren, 2000), was short-listed for the Welsh Book of the Year and the Forward Prize Best First Collection 2001. His debut prose work, *The Dust Diaries* (Faber 2004), a non-fiction narrative set in Zimbabwe, was short-listed for the Royal Society of Literature's Ondaatje Prize and won the Welsh Book of the Year 2005.

GEORGE SZIRTES is the author of fourteen volume of poems and roughly the same number of translations of Hungarian prose and poetry. His books have been awarded The Faber Prize, the Cholmondeley Award and the T. S. Eliot Prize. His *New and Collected Poems* were published by Bloodaxe in 2008. He has won various prizes for his translations and has co-edited a number of anthologies of both English and Hungarian writing.

CHRISTOPHER WHYTE was born in Glasgow in 1952. He lived in Italy between 1973 and 1985 and taught Scottish Literature at the University of Glasgow from 1990 to 2005. He is now based in Budapest and writes full-time. Two of his four novels in English won Scottish Arts Council awards. His third and fourth collections of poems in Gaelic are published this year. See www.aboutchristopherwhyte.com.

CLIVE WILMER is a Fellow of Sidney Sussex College, Cambridge. His most recent book of poetry in English is *The Mystery of Things* (Carcanet, 2006). *Végtelen változatok*, a selection of his poems translated into Hungarian by George Gömöri and Anna T. Szabó, was published by JATE Press, Szeged, in 2002. With

George Gömöri he has translated some twenty Hungarian poets into English, including two books each by Miklós Radnóti and György Petri. He was awarded the Endre Ady Memorial Medal for Translation in 1998 and the Pro Cultura Hungarica Medal in 2005.

Peter Zollman was born in Budapest in 1931. He has won the *Times* Stephen Spender Prize (2007), the Milan Füst Prize (1999) and was short-listed twice for the Weidenfeld Prize. His volume of Attila József translations (*Maecenas*, Abbey Press) was selected as Best Book of the Year by Seamus Heaney (*TLS*, 2005). He has published 12 volumes of poetry and verse drama translations and appeared in numerous poetry anthologies and magazines.

Other anthologies of poetry in translation published
in bilingual editions by Arc Publications include:

Altered State: An Anthology of New Polish Poetry
EDS. ROD MENGHAM, TADEUSZ PIÓRO, PIOTR SZYMOR
Translated by Rod Mengham, Tadeusz Pióro *et al*

*A Fine Line: New Poetry from Eastern
& Central Europe*
EDS. JEAN BOASE-BEIER, ALEXANDRA BÜCHLER, FIONA SAMPSON
Various translators

Six Slovenian Poets
ED. BRANE MOZETIČ
Translated by Ana Jelnikar, Kelly Lennox Allen
& Stephen Watts, with an introduction by Aleš Debeljak
NO. 1 IN THE 'NEW VOICES FROM EUROPE & BEYOND' ANTHOLOGY SERIES,
SERIES EDITOR: ALEXANDRA BÜCHLER

Six Basque Poets
ED. MARI JOSE OLAZIREGI
Translated by Amaia Gabantxo,
with an introduction by Mari Jose Olaziregi
NO. 2 IN THE 'NEW VOICES FROM EUROPE & BEYOND' ANTHOLOGY SERIES,
SERIES EDITOR: ALEXANDRA BÜCHLER

Six Czech Poets
ED. ALEXANDRA BÜCHLER
Translated by Alexandra Büchler, Justin Quinn
& James Naughton, with an introduction by Alexandra Büchler
NO. 3 IN THE 'NEW VOICES FROM EUROPE & BEYOND' ANTHOLOGY SERIES,
SERIES EDITOR: ALEXANDRA BÜCHLER

Six Lithuanian Poets
ED. EUGENIJUS ALIŠANKA
Various translators, with an introduction by Eugenijus Ališanka
NO. 4 IN THE 'NEW VOICES FROM EUROPE & BEYOND' ANTHOLOGY SERIES,
SERIES EDITOR: ALEXANDRA BÜCHLER

Six Polish Poets
ED. JACEK DEHNEL
Various translators, with an introduction by Jacel Dehnel
NO. 5 IN THE 'NEW VOICES FROM EUROPE & BEYOND' ANTHOLOGY SERIES,
SERIES EDITOR: ALEXANDRA BÜCHLER

*A Balkan Exchange:
Eight Poets from Bulgaria & Britain*
ED. W. N. HERBERT

The Page and The Fire:
Poems by Russian Poets on Russian Poets
ED. PETER ORAM
Selected, translated and introduced by Peter Oram